〔英〕弗吉尼亚·坎佩尔 Virginia Campbell 著 ——————————— 金黎旸 译

口袋博物馆

古罗马 //////////// U N R E A D

Pocket Museum:
Ancient Rome

上海文化出版社

目录

前言   6

意大利地图   10

罗马帝国地图   10

早期意大利与"王政时代"   15

　　约公元前900—前509年

共和国时期   65

　　约公元前509—前27年

帝国前期   137

　　约公元前27—公元285年

帝国后期   219

　　公元285—476年

词汇表   276

索引   278

博物馆索引   284

图片出处说明   289

致谢   293

前言

罗马的故事既可以通过历史书中的文字记载来讲述，也可以通过形形色色的物品来呈现。虽然历史可以提供日期、证据、名称和地点，但这些材料归根结底都与人有关，其中既包括独立的个体，也包括整个文化机制。人们制造了各种物品：表现统治者意识形态的复杂艺术品，杀敌或烹饪的工具，以及其他个人物品，比如孩童的玩偶或针织袜。从高大的大理石雕像到小巧的陶碗，这些都是罗马文明史的重要组成部分。本书选取了古罗马时期的一些手工艺品和艺术品，并对它们展开了详尽的说明。

尽管古罗马帝国在地中海地区统治了一千多年，但它最初只是一个形成于沼泽地附近的小部落，并与当时意大利的另一个文明——伊特鲁里亚（Etruscans）文明——相互抗衡。公元前753年，当罗慕路斯（Romulus）在台伯河（Tiber River）的入海口附近创建罗马城时，伊特鲁里亚文化已经发展成为意大利北部和中部的主流文化。伊特鲁里亚文明发源于意大利北部[今托斯卡纳区（Tuscany）]，是一个由多个城市组成的松散城邦国家，公元前8世纪时初具规模。这一城邦国家通过采矿业和贸易活动逐渐富裕起来，并在整个意大利建立了殖民地和活动网，其中包括希腊人建立的大希腊（Magna Graecia）城邦。随着人口的增长以及更多疆土逐步被罗马所掌控，罗马城从一个穷乡僻壤之地变成了权力中心，这一点从公元前6世纪该城的城市中心，如今被称为古罗马广场（Roman Forum）的发展中可以找到相关依据。自此以后，又过了一百年，罗马国王的统治遭到人民的反对，最后一任国王被驱逐。之后，一个名叫卢基乌斯·尤尼乌斯·布鲁图斯（Lucius Junius Brutus）的伊特鲁里亚人成为罗马的第一任执政官，并建立了共和国政体——一种民主形式的政府。这不仅彻底改变了罗马的统治，也标志着伊特鲁里亚文明开始走向衰亡。罗马向该城邦中的多个城市宣战，这些城市在接下来的几个世纪中一一陷落。公元前474年，希腊人的胜利终结了伊特鲁里亚文化对意大利南部的影响（见第106页）。罗马逐渐控制了意大利。

公元前3世纪，罗马的势力超过了意大利，并试图控制地中海地区。此时，北非的腓尼基人（Phoenicians）在海上贸易中占据主导地位，因此他们之间发生冲突在所难免。事实上，罗马人在成功击退敌人之前的两个多世纪里，在海上和陆地上共参与了三次布匿战争（Punic Wars）。埃加迪群岛（Egadi Islands）附近的撞击装置（见第113页）便是第一次布匿战争留下的遗迹，第二次布匿战争留下了迦太基将军汉尼拔（Hannibal）受人尊敬的大量证据，他的半身雕像遍布意大利的大部分地区（见第118—119页）。第三次布匿战争结束时，罗马控制了地中海地区，随后又扩张到与海接壤的其他地区。事实上，罗马人将地中海称为"我们的海"（Our Sea）就足以展示了他们对地中海的绝对控制权。

因此，罗马不仅仅代表了一座城市，还代表了一种理念、一个帝国和一种占主导地位的文明。公元前1世纪，对罗马统治权的争夺导致了几十年的内战、暗杀和政府的一次更迭，这次更迭基于一个人的统治而趋于稳定。随着奥古斯都（Augustus，屋大维）的崛起，罗马成长为罗马帝国，这位皇帝及其家人也成为民众关注的焦点（见第164—165、178、180—181页）。继承权最初是通过血缘关系建立的，后来则通过收养。这两种情况都存在着潜在的权力斗争，例如，公元69年和公元193年，当时在一年的时间之内，有多个人担任了皇帝。在整个帝国时期，随着帝国财富的变化，罗马的领土随着行省数量的增减而变化。例如，不列颠在公元43年被罗马征服，但在公元410年却被遗弃了，这是因为军队被合并，搬到了更易防御的地点。由此可见，行省的废弃是如此多手工艺品源自墓葬的其中一个原因（见第245—246、250—253页）。继承权和统治问题一直持续到公元3—4世纪，尽管统治阶级试图在两个或四个人之间分享权力，以此在东西方之间划分行政职责。基督教的广泛传播进一步加剧了冲突，最终在第一个基督教皇帝君士坦丁（Constantine）的信仰转变中达到高潮（见第263页），他于公元395年颁布法令，宣布基督教是罗马唯一合法的宗教。在此后的八十年里，罗马的势力被入侵的野蛮部落摧毁，被迫遗弃了帝国西部的大部分领地。

公元前800年，伊特鲁里亚文明崛起，公元前753年，罗马城建立

公元前600年，开始建造古罗马广场

公元前509年，罗马王政时代的最后一位国王被驱除，罗马共和国建立

公元前474年，伊特鲁里亚在库迈海战中获胜

公元前312年，开始修建阿皮亚古道

公元前264—前241年，第一次布匿战争

早期意大利与"王政时代"	共和国时期

公元前900年　　　　　　　　　　　　　　公元前509年　　　　　　　　　　　　公元前200年

公元 2 世纪，罗马城已经是一百多万人的家园，但直到 19 世纪末，这一人口规模才再次出现。当罗马的各方面以拜占庭帝国的形式在东方延续时，这个作为世界上曾经最著名的城市及其所代表的文明实际上已经消失。然而，罗马人建造的建筑物和制作的物品仍然存在。在罗马、庞贝（Pompeii）、大莱普提斯（Lepcis Magna）、特里尔（Trier）等城市，以及英国哈德良长城（Hadrian's Wall）沿线，都存在罗马和帝国建筑的清晰证据。其他遗迹不仅存在于意大利或古罗马的领土上，而且遍及世界各地的博物馆。这些手工艺品的重要性——对它们的研究、保存和获得的可能性——再怎么强调都不为过。博物馆保存着这些文物，而它们又为罗马历史的研究提供了依据。

本书按照时间顺序分为四个章节，呈现了约二百件来自世界各地博物馆收藏的文物。这四个章节分别是，早期意大利与"王政时代"、共和国时期、帝国前期和帝国后期。这些物品在每章中以不同主题排列，文中会探讨社会与家庭、艺术与个人装饰、政治与战争、葬礼习俗与仪式等方面的内容。虽然每一章的文物没有遵循严格的时间线来呈现，但通过其主题依然可以探索到古罗马社会的方方面面，无论是公共生活还是私人生活，这都为了解古罗马时代的服饰偏好、意识形态和技术提供了全方位的视野。这些物品代表了罗马人的多方面图景，让我们得以深入了解罗马人生活的各个方面，以及其统治地中海和欧洲几个世纪的那部分文化到底意味着什么。事实上，这些物品代表的就是罗马的故事。

公元前 149—前 146 年，第三次布匿战争，罗马摧毁了迦太基

公元前 44 年，尤利乌斯·恺撒遇刺身亡

公元前 27 年，屋大维成为罗马帝国的第一位皇帝，并被授予"奥古斯都"称号

公元 43 年，不列颠成为罗马的行省

公元 79 年，维苏威火山爆发

公元 122 年，开始建造哈德良长城

公元 212 年，所有在罗马境内出生的人都被赋予公民身份

公元 284 年，创立"四帝共治制"

公元 312 年，君士坦丁成为第一位信奉基督教的罗马皇帝

公元 395 年，基督教成为罗马唯一合法的宗教

公元 476 年，西罗马帝国陷落

	帝国前期	帝国后期
公元前 200 年	公元前 27 年	公元 285 年 公元 476 年

意大利地图

尽管意大利的政治统治在几个世纪中经历了一系列变化，其间伊特鲁里亚崛起，罗马陷落，但这些地区和城市多数得以幸存，而且其中的许多地名今天仍然在使用。

罗马帝国地图

（见第12—13页）

公元117年左右，罗马帝国在皇帝图拉真（Trajan）的统治下地理疆域达到最大化，当时，罗马的行省和领土包括欧洲、不列颠、北非以及小亚细亚和近东的部分地区。

威尼斯

斯皮那

博洛尼亚

翁布里亚

利古里亚海

伊特鲁里亚　阿雷佐

皮西努姆

亚得里亚海

丘西　　佩鲁贾

武尔奇　维泰博

萨姆尼乌姆

科西嘉岛

切尔韦泰里

维爱

奥斯蒂亚

罗马

拉丁姆
（今拉齐奥）

卡普阿

阿普利亚

坎帕尼亚

那不勒斯

庞贝

塔伦特姆

赫库兰尼姆

撒丁岛

伊特鲁里亚海
（今第勒尼安海）

帕埃斯图姆

卢西安娜

卡拉布里亚

布鲁提亚
（今卡拉布里亚大区）

西西里岛

伊奥尼亚海

锡拉库萨

文德兰达
艾伯拉肯
不列颠尼亚
朗蒂尼亚姆
特里尔
高卢
日耳曼尼亚
吕格杜努姆

罗马帝国,
约公元117年

伊伯利亚半岛

埃梅里达·奥古斯塔

迦太

毛里塔尼亚

萨尔马提亚

达契亚

伊利里亚

黑海

君士坦丁堡

比提尼亚和本都

卡帕多西亚

亚美尼亚

希腊

科林斯

雅典

以弗所

安条克

叙利亚

锡拉库萨

巴尔米拉

地中海

普提斯

昔兰尼

耶路撒冷

亚历山大

佩特拉

埃及

早期意大利与"王政时代"
约公元前900—前509年

罗马的开端

左图为一尊尺寸比真人还大的赤陶着色阿波罗（Apollo）雕像，来自维爱的波托纳齐奥（Portonaccio）朝圣所[约公元前510—前500年，罗马，茱莉亚别墅（Villa Giulia），伊特鲁里亚国家博物馆（National Etruscan Museum）]。阿波罗和其他神祇的雕像装饰了一座供奉着女神密涅瓦（Minerva）的神庙的房梁。

　　意大利的历史可以简化为不同的群体、城市和人民，最终统一成一个单一的国家。在古代，最早有文献记载的处于主导地位的政治和文化群体是伊特鲁里亚人。

　　伊特鲁里亚人生活在意大利中北部台伯河和阿诺河（Arno River）之间的土地上。他们是优秀的海员，在公元前8—前6世纪发展壮大，其间他们从当时的贸易和殖民活动中获利颇丰。他们住在山顶上的那些坚固的城市中，如塔尔奎尼亚（Tarquinia）、切尔韦泰里（Cerveteri）、武尔奇（Vulci）和维爱（Veii），而且他们的影响遍及整个意大利半岛。然而，我们很难将伊特鲁里亚视作一个单一的国家——它更像是一个有着共同语言、宗教和艺术的城邦。

　　伊特鲁里亚艺术最初深受希腊艺术的影响，但随着自身的不断发展，它与意大利南部的希腊艺术以及罗马的艺术和建筑之间产生了相互影响。在意大利的山上开采锡、铜、铁、银等矿石，使得伊特鲁里亚人变成了技艺精湛的金属工匠。许多雕像和装饰性建筑元素都是由陶土制成的，上面绘有典型的彩绘图案。尽管许多奢华的艺术品、珠宝和其他物品都是从希腊、埃及和远东地区进口的，但也出现了一些融合了东方特征和意大利本土图案的手工艺品。

下图为卡比托利欧（Capitoline）的母狼与罗慕路斯、雷穆斯（Remus）的铜像 [公元前450—前430年，罗马，卡比托利欧博物馆（Capitoline Museums）]，这尊雕像展示了关于罗马建立神话中的一个情节：遭遗弃的一对双胞胎兄弟由一只母狼哺育长大。

从公元前6世纪末开始，伊特鲁里亚文明的衰落可以用一系列事件来描述。一个多世纪以来，伊特鲁里亚的城市一个接一个地落入罗马人手中。从某种程度上来看，缺乏一个中央集权政府是他们灭亡的主要原因，因为他们无法成功地联合起来抵御罗马崛起的力量。

罗马的源起和崛起都伴随着神话故事，其中一个讲述的是一只母狼抚养了一对双胞胎男孩的故事，一个名叫罗慕路斯的男孩后来在七座山上建立了罗马城。最初，这座"永恒之城"只是位于帕拉蒂尼山（Palatine Hill）上的铁器时代小屋的集合。后来这座城市逐渐发展壮大，合并了附近的部落，还向其他拉丁人居住的部落发动了战争（如果这些故事可信的话，他们在其中一定使用了一些小伎俩）。自罗马城建立以来，罗马就一直由国王统治。从罗慕路斯开始，罗马"王政时代"先后共有七位国王。其中的第五位国王卢基乌斯·塔奎尼乌斯·普里斯库斯（Lucius Tarquinius Priscus，公元前616—前578年在位）是第一位来自伊特鲁里亚的国王，他开

伊特鲁里亚古墓，属于班迪塔其亚墓群（Banditaccia Necropolis）的一部分。这些由多个墓室组成的地下古墓均用石灰岩（一种软质的火山岩）砌成，之后再用土堆覆盖。

创了王位世袭制，这一世袭制于公元前509年以其孙子卢基乌斯·塔奎尼乌斯·苏培布斯（Lucius Tarquinius Superbus）和所有国王被驱逐出境而告终。就在那时，罗马成为一个共和国性质的国家，这永久性地改变了罗马的文化、政治、艺术、军事以及成为罗马人意味着什么的观念。

罗马艺术在某种程度上很难被定义，因为它借用、模仿和吸收了地中海地区的多种文化，所以人们制作出的物品有时很难与原始物件区分开来，但有时又是新颖和独特的。我们从中可以看到希腊艺术和埃及艺术对罗马艺术的影响，同时还可以从伊特鲁里亚、近东、北非和意大利本土的艺术形式中看到这些影响。早期的罗马艺术很难与伊特鲁里亚艺术区分开来，这很可能是因为大部分作品都是在同一家工坊或由接受过相同技术训练的艺术家制作的。在公元前509年共和国成立后的那几年里，罗马艺术才发展成一种独特且极具辨识度的艺术形式。

伊特鲁里亚卷线轴

约公元前600—前500年
布克凯洛（Bucchero）陶器·长：4厘米，直径：1.1厘米
来自意大利，托斯卡纳，丘西（Chiusi）
大英博物馆（British Museum），英国，伦敦

　　这种用于卷羊毛或棉线的抛光陶器卷线轴，反映了羊毛加工和纺织品生产在伊特鲁里亚的重要性。类似卷线轴的小物件通常会被用作陪葬品，而且在很大程度上是根据性别而定的：女性的墓中会放置纺织工具，而男性的墓中则会放置武器或农具。在某些情况下，如果在一座看起来像男性的墓中发现了一些女性物品，如纺线锤，那很可能是女性家庭成员在遗体下葬时放进去的象征性信物。

伊特鲁里亚碗形婚礼器皿

约公元前725—前700年
赤陶·高: 57厘米, 宽: 43厘米
来自意大利, 拉齐奥 (Lazio), 蒙塔尔托迪卡斯特罗
(Montalto di Castro)
芝加哥艺术学院 (Art Institute of Chicago),
美国

　　这件没有把手的深碗形器皿
(lebes) 采用的是希腊式造型, 也是最古老的彩陶之一。这
一版本的碗形婚礼器皿的不同之处在于, 它有把手、盖子与
细长的颈部和底座, 通常用在婚礼仪式上, 而希腊版本描绘
的则是新娘或婚礼的场景。另外, 这件器皿是在伊特鲁里亚
本地制作的, 不仅采用了希腊式造型, 表面还绘有更符合当
地人审美的中性几何图案。

伊特鲁里亚水壶

约公元前725—前700年
青铜·高：16厘米，直径：11厘米
来自意大利，拉齐奥，蒙塔尔迪卡斯特罗，武尔奇
伊特鲁里亚国家博物馆，意大利，罗马，茱莉亚别墅

　　这件青铜水壶在形状和设计上与现代的水壶非常相似，并在接缝处进行了加固，有一条链子将瓶盖和瓶身连接在一起，还有一个便于携带的铰链式把手。虽然这是一件纯粹的功能性物品，但人们还是试图用凸点的方式在瓶身上画同心圆，以此来装饰水壶。链子、附件和接缝处的小部件展现了当时武尔奇地区精细的金属加工技术，这一技术甚至被运用到日常物品的制作上。

年轻女子的雕像

公元前6世纪后期
青铜·高: 29.5厘米
来自意大利，拉齐奥，蒙塔尔托迪卡斯特罗，武尔奇
大都会艺术博物馆（Metropolitan Museum of Art），
美国，纽约

　　这尊雕像明显受到了"柯莱"（korai，
年轻女性的独立雕像）传统的影响。从希
腊艺术中模仿而来的元素包括伸展着右手
的正面姿势，左手握住衣服的边缘，以及
所谓的"古老的微笑"（Archaic Smile）。
与整体造型相比，人物正面的头发、项
链，以及衣服和鞋子上的图案细节似乎更
重要——背面没有衣服褶皱或其他细节。
此外，带花边和花朵图案的尖头鞋是伊特
鲁里亚文化中独有的。

公鸡造型的壶

约公元前630—前620年
布克凯洛陶器 · 高: 10.3厘米
来自意大利, 拉齐奥, 维泰博 (Viterbo)
大都会艺术博物馆, 美国, 纽约

　　这只壶的形状看上去很像一只小公鸡, 其
实是一件布克凯洛陶器 (由一种优质的黑色
黏土烧制而成, 烧成时颜色很像青铜), 上
面雕刻了公鸡的羽毛、翅膀和鸡冠等细
节。据推测, 它应该是用来装墨汁的, 头
部被用作塞子, 人们可以用绳子将其拴在
瓶身上。但是, 这只壶最引人注目的地方
在于, 瓶身的下半部分刻有伊特鲁里亚字母
表中的二十六个字母。伊特鲁里亚语既不
像意大利的其他语言那样属于印欧语系
(Indo-European), 也不属于闪-含语
系 (Semito-Hamitic languages,
如腓尼基语或阿拉米语)。伊特鲁
里亚人改造了公元前8世纪传入
意大利的最早的希腊字母,
通常是从右向左逆向书
写, 但这里的字母却是从
左向右书写的。

康塔罗斯酒杯

公元前7世纪中叶
厚涂法·高: 7.5厘米,宽: 12.7厘米
来自意大利,拉齐奥,奇维塔卡斯泰拉纳(Civita Castellana)附近,纳尔切(Narce)的一座古墓
宾夕法尼亚大学考古学与人类学博物馆(University of Pennsylvania Museum of Archaeology and Anthropology),美国,费城

　　这只酒杯有两个把手,是一种形如深碗的饮酒器皿,脚呈喇叭状,虽然不知道它的希腊名字是什么,但现在它被称作康塔罗斯酒杯(Kantharos),其造型带有意大利本地的特征。人们非常喜欢用这种容器来盛酒,因此在艺术作品中,我们经常可以看到酒神狄俄尼索斯(Dionysus)用它喝酒。在青铜器和使用了厚涂技法的陶器中都有这样的例子,它们保留了金属制品的某些特征。图中这只酒杯的青铜色螺柱上有六个沉头圆盘凹槽,这些圆盘要么从未添加过,要么已经遗失。

酒杯

约公元前590—前560年
布克凯洛陶器·高：15.1厘米，
直径（上面）：16.8厘米，直径（底
座）：11厘米
来自意大利，拉齐奥，维泰博，
塔尔奎尼亚
大英博物馆，英国，伦敦

这只酒杯与伊特鲁里亚本地的康塔罗斯酒杯（见对页）的造型相似，主要区别在于它没有把手。布克凯洛陶器由一种有光泽的黑陶制成，被认为是伊特鲁里亚金属制品的仿制品，最初它们是极为珍贵和稀有的物品，仅在公元前7世纪的陵墓中有发现。公元前6世纪，它们在造型上已趋于标准化，并被出口到整个地中海地区。下图这只酒杯装饰有一条用滚轴压印的雕带，描绘了一个带翅膀的人、一个狮身人面像、一只鸭子及其他动物。

女性形象的装饰瓦

约公元前520—前510年
赤陶（terracotta）·高：17.1厘米，长：30.2厘米
来自意大利，拉齐奥，凯尔（Caere）
大都会艺术博物馆，美国，纽约

像这样的装饰瓦（屋顶瓦）本应放置在建筑物的拐角处，作为雨水的排水通道，将水流引到人形瓦头部后方的开口位置。这片装饰瓦被描绘成一个戴着皇冠的女性形象，有着黑色的波浪形头发，戴了一对大圆盘形耳环和一条装饰有多个小吊坠的项链。皇冠上装饰着白色的棕榈叶图案，在深红色的背景下呈螺旋形。目前尚不清楚这片装饰瓦上描绘的是神话人物还是凡人女子，但上面的装饰和珠宝表明她一定是位富有的女性。与希腊及后来罗马的女性不同，伊特鲁里亚的女性享有较高的独立权，其中包括在没有男性监护人监督的情况下拥有私人财产和从事商业活动的权利。

带有万字符的伊特鲁里亚吊坠

约公元前700—前650年
黄金 · 直径: 8厘米
来自意大利, 拉齐奥, 蒙泰菲亚斯科内 (Montefiascone) 附近, 博尔塞纳 (Bolsena)
卢浮宫 (Louvre), 法国, 巴黎

这是一个有压花的大型金饰吊坠: 边缘部分装饰着几何图案和鸟的图案, 圆盘的中心有五个同心圆, 它们之间点缀着万字符。万字符是一种古老的符号, 几千年来, 它一直被多种文化视作健康和好运的象征。它经常出现在陶器和镶嵌画上, 并以一种有规律的重复图案形式被呈现出来。吊坠顶部的金属片折叠后形成一个管状结构, 应该是用来连接链子的, 以便佩戴吊坠。

手镯

约公元前650—前600年
金·尺寸：未知
来自意大利，拉齐奥，凯尔，瑞格里尼-格拉西墓
格里高利（Gregorian），伊特鲁里亚博物馆（Etruscan Museum），梵蒂冈博物馆（Vatican Musemus），意大利，罗马

　　这只宽大的袖口状手镯原本有一对，它是在墓葬品丰富的瑞格里尼-格拉西墓（Regolini-Galassi Tomb，见第56页）中发现的众多黄金制品之一。手镯以重复的图案装饰，在狮子和棕榈树之间描绘了一个女性形象，几何条纹在袖口外缘形成了一个边界。在制作手镯时，工匠采用了造粒（将小金珠焊接在一起）和凸纹这两种金属加工技术，展示了伊特鲁里亚工坊闻名于世的金属制品的高水平技艺。

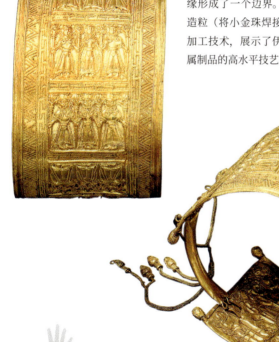

鳞砗磲：盛放化妆品的容器

约公元前630—前580年
贝壳·高：13.7厘米，宽：21.7厘米，深：11厘米
来自意大利，拉齐奥，蒙塔尔托迪卡斯特罗，武尔奇
大英博物馆，英国，伦敦

鳞砗磲来自红海，常在近东和希腊的挖掘中被发现。这类贝壳既有被人们以天然的形式使用的，又有被设计成某种样式的。大多数上面刻有图案的贝壳都是在有宗教背景的地点发现的，它们作为祭品被供奉在女性神祇的朝圣所里。人们一般认为，雕刻贝壳的传统来自黎凡特（Levant）地区的巴勒斯坦或叙利亚。

图中这只贝壳是在武尔奇发现的，它的顶端雕刻有一个人头像，内部装饰着狮身人面像、莲花花饰和三角形图案，很可能是用来盛放化妆品的容器。事实上，贝壳和贝壳图案在盛放化妆品、香水或其他美容用品的容器中十分常见，这很可能是希腊神话中的女神阿佛洛狄忒[Aphrodite，对应罗马神话中的维纳斯（Venus）]与大海、贝壳之间的联系所致，因为她是象征着爱与美的女神。

尽管这一发现的确切背景尚不清楚，但它很可能是某位女性的墓葬品。此外，它还是地中海西部发现的这类贝壳中的唯一，无论这位女性是谁，都表明她拥有令人难以想象的丰富财富。

银色的贝壳类化妆品容器，盖子上刻有浮雕，描绘了一幅女神骑着海怪的画面。来自意大利南部的大希腊殖民地（约公元前3世纪）。

笔直的别针

公元前6世纪后期
金和玻璃·高：6.4厘米
来自意大利
克利夫兰艺术博物馆（Cleveland Museum of Art），美国

　　图中这枚别针样式简洁、造型笔直，顶部装饰有一颗红色玻璃珠，可能是用来固定衣服的，像这样的别针男女都可以使用。玻璃珠被三角形的尖齿和用绳纹图案装饰的嵌框所固定。针杆的设计是扭曲的，这可能是设计师有意为之，以便更好地固定衣服。彩色玻璃珠或粘贴物通常被用作珍贵宝石装饰的代替品，这是伊特鲁里亚饰品的一个常见特征。

香水瓶

公元前6世纪早期
赤陶·高：11厘米，宽：6.4厘米
来自意大利，拉齐奥，蒙塔尔托迪卡斯特罗，武尔奇
大英博物馆，英国，伦敦

　　虽然这个香水瓶是在武尔奇发现的，但它实际上制作于希腊，这再次说明了商品贸易对伊特鲁里亚的重要。这个香水瓶的形状和装饰具有东方男性的样貌特征，上了色的瓶身展现出了更多细节。此外，人物的头发、项链、眼睛、嘴巴和乳头也都被上了色。额头上的白点表明它是一顶皇冠或头带，与项链上的装饰细节类似。虽然这类人形瓶和容器十分常见，但香水瓶上的细节却很罕见，如胸部的轮廓。

银镀金戒指

约公元前550年
金和银·戒指的嵌框长：1.6厘米
来自意大利，拉齐奥，蒙塔尔托迪卡斯特罗，武尔奇
大都会艺术博物馆，美国，纽约

　　这枚戒指的嵌框是椭圆形的，上面采用凹雕手法雕刻了三种动物。嵌框的上方和中间位置雕刻了两种希腊神话中的混合生物体：一只喀迈拉（chimera，一种会喷火的怪兽，它通常被描绘成一头长着翅膀的狮子，后背有一颗昂起的山羊头，尾巴是一条蟒蛇）和一只海妖（siren，著名的歌者，半人半鸟的女妖，拥有鸟的身体和女人的样貌）。嵌框最下面雕刻的是一只会飞的圣甲虫。这些形象都是希腊、埃及和腓尼基图案的混合体，显示了多元文化对伊特鲁里亚艺术的影响。

刻有狮身人面像和两只鸟图案的戒指

约公元前550—前500年
金·椭圆形嵌框长：2厘米
来自意大利，拉齐奥，维泰博附近，
费伦蒂诺（Ferentinum）
波士顿美术馆（Museum of Fine Arts），美国

　　这枚金戒指是在一座拥有丰富墓
葬品的古墓中被发现的，它有一个椭
圆形嵌框。这个椭圆形嵌框被分为
三个区域：上下两个区域分别雕刻
了一只展翅的鸟，中间区域有一个
狮身人面像，手持树枝，头上还戴
了一顶帽子。这顶帽子很像肠卜师
（haruspices）戴的帽子，肠卜师
是受过占卜术训练的人，他们解读
祭祀动物（如绵羊）的内脏，以此
作为预兆。这是伊特鲁里亚人的一
种宗教习俗，该习俗后来被罗马人
采用并延续了下去。

伊特鲁里亚圆盘形耳环

公元前6世纪后期
金·直径：4.8厘米
来自意大利，拉齐奥，凯尔
J. 保罗·盖蒂博物馆（J. Paul Getty Museum），美国，洛杉矶

  这些大圆盘形耳环是伊特鲁里亚人使用金属加工珠宝的绝佳示例。在金片的背面，有六朵玫瑰花饰围绕着一个中心凸起的圆盘。每只耳环的外缘装饰有六个人头像。人头像采用的是凸纹工艺，玫瑰花采用的是造粒工艺，上面还装饰了一些金丝。一根中空的金制管从后面伸出，用于穿入耳洞，然后再用管子末端圆环里的别针将其固定。这类耳环不仅仅作为墓葬品出现，在同时期的绘画作品以及花瓶里的女性饰品中也占据一席之地。

法利希胸甲

约公元前725—前700年
青铜·高: 47厘米, 宽: 45
厘米
来自意大利, 拉齐奥, 维塔卡
斯泰拉纳附近, 纳尔切, 士兵
之墓 (Tomb of the Warrior)
宾夕法尼亚大学考古学与人类
学博物馆, 美国, 费城

这片胸甲 (护胸甲) 是由单片青铜制成的, 边缘卷起, 采用了凸纹工艺 (压制或锤击成型) 装饰。它只剩下前半部分, 但用于将其固定到后方板子上的小部件仍保留在左侧。金属片的正面轮廓呈山峰的形状, 上面装饰有狼牙和凸饰 (凸起的圆环带)。它是在一座以大量武器装备而闻名的古墓中被发现的, 这是维拉诺瓦 (Villanovan) 后期金属制品的典型样式。金属片的设计和装饰很不寻常, 与其他物件没有相似之处, 这表明它的主人不是普通的士兵, 而是较高级别的军官。

剑和鞘

约公元前8世纪
铜·剑的高: 40厘米
来自意大利，拉齐奥，蒙塔尔托迪卡斯特罗，武尔奇，马德里奥尼·迪·卡瓦卢坡（Mandrione di Cavalupo）墓地
伊特鲁里亚国家博物馆，意大利，罗马，茱莉亚别墅

　　伊特鲁里亚的剑通常较短，是一种带有笔直的铁制刀刃的刺伤用武器，它的剑柄一般是木制或骨制的。图中的这把剑由青铜制成，具有很高的装饰性，因此它可能是个复制品，是专门为一位死去的男性制作的。这把剑被发现于维泰博省的一座古墓中，刀刃上刻有深深的凹槽，剑柄上有一个角状剑把，暂不能确定它有什么功能。剑鞘上也有相似的凹槽，并且刻有几何图形，末端呈扁平状且装饰着同心圆，这表明它是用来展示伊特鲁里亚剑的。

雕刻的王座

约公元前700—前650年
木头·尺寸：未知
来自意大利，里米尼（Rimini），韦鲁基奥（Verucchio)，利比公墓（Lippi Cemetery）
博洛尼亚考古博物馆（Archaeological Civic Museum of Bologna)，意大利

  这件雕刻复杂的王座是于1972年在韦鲁基奥发掘的两座古墓中的众多物品之一。王座高高的椅背暗示了其主人尊贵的地位。上面的雕刻图案展示了一幅场景，详细地描绘了纺织生产的细节，其中的形象有男有女，男人们在剪羊毛和运送羊毛，女人们在做纺织的准备工作。在这两座古墓中还发现了华丽的木雕，包括王座、脚凳、桌子、盒子和碗，这展现了伊特鲁里亚人精雕细刻的木雕工艺。这些都属于维拉诺瓦风格（在希腊，人们称其为几何风格），即图案和人物交织在一起。

蒙特莱昂内·迪·斯波莱托两轮战车

约公元前575—前550年
装饰有象牙镶嵌物的青铜制品·高：1.3米，长：2.1米
来自意大利，佩鲁贾，蒙特莱昂内·迪·斯波莱托（Monteleone di Spoleto），柯莱·德·卡皮塔诺
（Colle del Capitano）
大都会艺术博物馆，美国，纽约

黑色人像大陶罐描绘了忒提斯在向她的儿子阿喀琉斯展示盔甲。尽管这只陶罐制作于雅典，但它的发现地却是切尔韦泰里（伊特鲁里亚国家博物馆，罗马，茱莉亚别墅，约公元前575—前550年）。

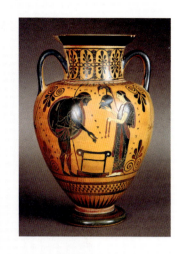

一共有二百五十多辆伊特鲁里亚两轮战车得以保存下来，这是其中制作最精致且保存最完好的一辆。细致入微的装饰使用的是象牙等新材料（来自大象和河马），同时受进口商品和工匠影响的新艺术风格的证据表明，公元前7—前6世纪的墓葬品更为丰富。这种战车很可能是在特殊场合的仪式中使用的。像这样的巡游战车，一般由两匹小马拉着，车厢里的空间可以容纳一个车夫和一位站着的主宾。

浮雕描绘了希腊英雄阿喀琉斯（Achilles）的生活场景。在中央的那块铜板上，海神忒提斯（Thetis）正在向她的儿子阿喀琉斯展示赫菲斯托斯神（Hephaistos）制作的盔甲。右侧图像展示的是阿喀琉斯和门农（Memnon）战斗的画面，这是荷马在著作《伊利亚特》（Iliad）中描绘的场景。左侧图案描绘了阿喀琉斯的神化，他驾着一辆与图中装饰类似的战车。总之，这些装饰板反映了希腊神话在古代世界的盛行。

双锥形骨灰瓮

公元前9—前8世纪
厚涂法·高: 39厘米，直径: 30厘米
来自意大利，拉齐奥，蒙塔尔托迪卡斯特罗，武尔奇，奥斯特利亚墓地
(Necropolis of the Osteria)
梵蒂冈博物馆，意大利，罗马

　　双锥形骨灰瓮是维拉诺瓦人早期葬礼仪式中的常见元素。葬礼仪式包括火化尸体，用布包裹骨灰，最后将其放入骨灰瓮中埋葬。这些骨灰瓮制成时只有一个把手，有证据表明，如果将一个有功能性的、带两个把手的骨灰瓮掩埋，第二个把手会被折断。这些骨灰瓮没有盖子，瓮口用盘子密封（如果死者是男性，则用一顶仿制的头盔密封）。这个骨灰瓮是维拉诺瓦人早期的典型设计，上面装饰有几何图案。

赤陶小屋骨灰瓮

公元前9—前8世纪
厚涂法·高: 27.5厘米，屋顶直径: 32.9厘米，底座直径: 29.5厘米
来自意大利，罗马附近，阿尔巴诺（Albano）和真扎诺（Genzano）
地区
宾夕法尼亚大学考古学与人类学博物馆，美国，费城

　　小屋骨灰瓮是用当地的黏土（厚涂法）制成的，被视为家庭生活的写照。除了复制房屋的形状之外，一些骨灰瓮还包含了一些小件家用物品，如餐具。这些骨灰瓮与典型的铁器时代的小屋非常相似——圆形的茅草屋顶由横梁支撑，屋顶的顶端或横梁末端有时还有装饰。这个特别的骨灰瓮是用一整块黏土制成的，有一扇单独的门。门可以用绳子来连接，或者是先将梁穿过门外的环，然后再将其插入门框的小凹槽内。

装饰有人物雕像的四轮推车

约公元前710年
青铜·尺寸：未知
来自意大利，托斯卡纳，比森齐奥营（Campi Bisenzio）
伊特鲁里亚国家博物馆，意大利，罗马，茱莉亚别墅

这辆小推车是一个专门为葬礼而设计的物品示例。在葬礼仪式中，顶部的盆会被用作烧香的火盆或者盛放其他小祭品。与人们通常使用的两轮推车不同，这辆推车是独立式的设计，并被放置在古墓内展示。底座上位于各轮子之间的人物雕像构成了一系列场景，描绘了各式各样的活动——狩猎、决斗、干农活和庆祝节日。这些场景展示了伊特鲁里亚人日常生活的方方面面，同时也反映了伊特鲁里亚贵族所遵循的价值观。

葬礼墓碑

公元前8—前7世纪后期
砂岩·高: 55厘米, 宽: 25厘米
来自意大利, 博洛尼亚附近, 圣维塔莱墓地（San Vitale Necropolis）
博洛尼亚考古博物馆, 意大利

　　这块长方形的墓碑与"扎诺尼"（Zannoni, 见第54页）墓碑相似, 上面记载了一处埋葬地点。石头上唯一的装饰是关于一间小屋的图案, 小屋由一个倾斜的屋顶和两个被切割的正方形组成——它们很可能是窗户或门。建筑历史学家发现, 这一装饰反映出古人非常重视支撑屋顶的中心柱和两个对角横梁, 它们似乎是这种屋顶已知的最早表现形式。然而, 由于对家庭的描绘在葬礼艺术中颇受欢迎（正如在赤陶小屋骨灰瓮中看到的那样, 见第45页）, 所以这很可能只是古人对小屋的一种理想化设想, 因为在现实中根本无法实现。

阿斯克斯

公元前8世纪后期
厚涂法·高: 17.7厘米
来自意大利,博洛尼亚附近,贝纳奇墓地(Benacci Necropolis)
博洛尼亚考古博物馆,意大利,博洛尼亚

　　公元前8世纪后期,维拉诺瓦艺术的一个新趋势是遵循用黏土结合金属装饰的传统风格,将小雕像和实用陶壶结合在一起。阿斯克斯(Askos)是一种用来倾倒液体的小瓶子,被发现于一座古墓中,它是一个很好的示例。阿斯克斯的造型像一头公牛,嘴巴和尾巴是容器的倾倒口,用于将液体装入或倒出瓶子。此外,瓶身上还装饰着一名戴着头盔、手持盾牌的骑兵,而且这些简化的动物造型的表面都雕刻有几何图案。

刻有维内蒂语字母的供奉书写板

公元前6—前5世纪
青铜·长: 17.5厘米, 宽: 12.5厘米
来自意大利, 威尼托, 埃斯特 (Este), 雷伊蒂亚 (Reitia) 朝圣所
阿泰斯蒂诺国家博物馆 (National Museum of Atestino), 意大利, 埃斯特

埃斯特[靠近今天的帕多瓦 (Padua)]的朝圣所里供奉的是一位名叫雷伊蒂亚 (Reitia) 的意大利女神, 她被称为"书写之神"。圣殿以大量的青铜供品而闻名, 这些供品均是仿制的书写工具, 如尖头笔和书写板, 还包括写作练习、魔法符号和对女神的献词。这块书写板上刻满了维内蒂语字母和对女神雷伊蒂亚的献词。在意大利北部的这一地区, 目前已知有大约二百五十处类似的维内蒂语铭文被保存下来。公元前6—前1世纪, 朝圣所里的供品主要由女性放置。

风格化的青铜手和头

约公元前680—前670年
青铜·手的高: 23.5厘米, 手腕直径: 5.5厘米
来自意大利, 拉齐奥, 蒙塔尔托迪卡斯特罗, 武尔奇, 青铜两轮战车古墓 (Tomb of the Bronze Chariot)
伊特鲁里亚国家博物馆, 意大利, 罗马, 茱莉亚别墅

　　在一座古墓内发现的一系列青铜制品中, 有一对手掌造型的青铜制品和一个带脚柱的球形物, 据推测这个球形物可能代表了头部。手的细节通过切割被精确地呈现出来, 但头部未经雕饰, 也没有明显的特征, 所以我们很难判断它的用途。这座古墓有三间或四间墓室组成, 里面摆放了一排青铜制品、黑陶器物及其他物品。虽然这座古墓的规模较小, 但里面的墓葬品表明这个家庭一定很富有。

扎诺尼墓碑

约公元前675—前650年
砂岩·宽：30厘米
来自意大利，博洛尼亚
博洛尼亚考古博物馆，意大利

　　墓碑是伊特鲁里亚人及其他古代文化常用来标记坟墓的石板。一般情况下，这些墓碑是马蹄形的，包含两个或三个区域。不幸的是，图中的这块墓碑残缺不全，虽然我们可以看到上方的棕榈叶图案将不同场景之间分隔开了，但也只能看到其中一个区域。这里描绘的是一个常见的旅程，很可能展现的是死者前往冥界的场景。在由绳纹图案包围的中间区域，我们可以看到左边的人驾着一辆马车，而右边比例大一点的人则牵着马的缰绳，也许他正引导着马向前走。

头饰

约公元前650年
金·长: 51厘米,宽: 6.3厘米,重: 213克
来自意大利,拉齐奥,蒙塔尔托迪卡斯特罗,武尔奇
大英博物馆,英国,伦敦

　　这座富丽堂皇的古墓被称为"伊西斯墓"(Isis Tomb),它是在武尔奇的波莱德拉墓园(Polledrara Cemetery)被发掘的,里面包括图中这件金制头饰。除此之外,还有大量其他奢侈品。这座以伊西斯女神的青铜像命名的古墓可能属于一对贵族夫妻。其中的许多物品都是从埃及进口的,比如一尊精美的石膏雕像。图中的金制头饰是古墓中最古老的发现之一,比墓中其他物品的制作时间早了约一百年。头饰上有一个绳纹图案的浮雕,交错半圆的上方是棕榈叶图案,旁边还有喀迈拉和狮子的形象。头饰上有半圆形开口,这样它就可以刚好卡在佩戴人的耳朵上。

伊特鲁里亚马车

约公元前650—前600年
木头和青铜·尺寸：未知
来自意大利，拉齐奥，凯尔，瑞
格里尼-格拉西墓
格里高利，伊特鲁里亚博物馆，
梵蒂冈博物馆，意大利，罗马

瑞格里尼-格拉西墓是以挖掘人的名字命名的，它是一座由两间墓室组成的古墓，里面藏有大量墓葬品，包括黄金首饰、银器、镀金制品、青铜制品、一辆战车（已经受损，上面有火烧过的痕迹，可能来自葬礼上的火堆），以及图中这辆用木头和青铜制造的马车。人们在墓中发现了三具遗体：一具女性遗体，位于最后一间墓室里；一具被火化了的男性遗体，在右边的那间墓室里；还有一具遗体是在一张青铜床上，位于中间的附属墓室里。其中的大部分物品都具有公元前7世纪维拉诺瓦的风格，包括一枚装饰有狮子图案的大搭扣和一面绘有东方动物图案的、长形的青铜匾额。

战车、马车和手推车是伊特鲁里亚人的葬礼仪式中常出现的典型墓葬品。图中这种马车不同于战车，驾车人需要坐着驱动车辆，它可以是两轮的也可以是四轮的。尽管墓葬中发现的一些证据表明它们可能被用在了生活中，但事实上许多墓葬品都带有象征意义，常被用来进行"冥界之旅"。

由雪花石膏材料制成的骨灰瓮展现了死者（上半部分）将乘坐马车（下半部分）前往冥界的场景[瓜尔纳奇-伊特鲁里亚博物馆（Guarnacci-Etruscan Museum），沃尔泰拉（Volterra），公元前5世纪]。

带翅膀的狮子雕像

约公元前550年
火山石·高: 95.3厘米, 长: 73厘米, 宽: 35厘米
来自意大利, 拉齐奥, 蒙塔尔托迪卡斯特罗, 武尔奇
大都会艺术博物馆, 美国, 纽约

  这尊石狮是由火山石（nenfro, 武尔奇当地的一种火山石）雕刻而成。石狮原本可能有一对, 其中的一尊现在已经丢失。狮子呈站立姿势, 背部有紧密的螺旋状翅膀, 其中最令人惊讶的一点是, 雕像上没有任何上色的痕迹。带翅膀的混合动物体, 如狮子或公牛, 通常成双成对地守护在墓穴的入口处, 这是伊特鲁里亚墓葬文化中的一个悠久传统, 可以追溯到古埃及。在伊特鲁里亚, 这样的雕像特别受欢迎, 因为它们可以守护地下墓室的入口。此外, 在伊特鲁里亚的其他古墓中也发现了类似的带翅膀的石狮或狮身人面像。

祭品托盘

约公元前550—前500年
布克凯洛陶器·宽：33.7厘米，深：18.1厘米
来自意大利，托斯卡纳，丘西
大都会艺术博物馆，美国，纽约

　　这个祭品托盘其实是布克凯洛陶器，用于与葬礼相关的场景，它可能代表了更大规模的整套餐具，包括一部分银器和青铜制品。托盘里有许多只小碗、汤匙、抹刀、盘子及其他餐具。托盘的每个角落都有狮子形雕像把守，两侧和后方点缀着一个卷轴状的棕榈叶造型。在托盘前方的挡板上可以看到狮鹫（左边）和狮身人面像（右边）的浮雕图案。一些学者根据长方形托盘前面的切口和穿孔的底座推测，这类托盘也许还被用作了火盆。

皮克西斯

约公元前530—前520年
赤陶·高：15.4厘米，直径：
14.1厘米
来自意大利，拉齐奥，奇维塔
卡斯泰拉纳附近，纳尔切的一
座古墓
宾夕法尼亚大学考古学与人类学
博物馆，美国，费城

皮克西斯（Pyxis）是一种有盖的圆柱形容器，用来盛
放化妆品、小饰品或珠宝。图中的这个容器是用一块精细的
棕褐色黏土制作的，它有三只梯形的脚，容器内外都上了色。
现在我们在上面仍然可以看到制作时留下的痕迹——在容器
内部深棕色的区域可以看到手指的压痕。容器上的图案采用
的是几何风格，盖子和器身上装饰有交替的条纹图案，包括
S形线条和垂直线条。容器的三只支脚的表面都绘有棕榈叶
和花瓣图案，支脚则被做成了鞋子的造型，上面交叉的线条
可能表明这是凉鞋。像这种有三只支脚的容器并不常见，它
很可能是件珍贵的礼物，或是富有的女性墓主人的展示品。

一对夫妻的石棺

约公元前520年
赤陶·高: 1米, 长: 2米
来自意大利, 拉齐奥, 凯尔, 切尔韦泰里墓群
伊特鲁里亚国家博物馆, 意大利罗马, 茱莉亚别墅

　　随着尺寸如真人般大小的赤陶雕像在伊特鲁里亚的流行, 一对夫妻委托工匠制作了一口石棺, 并在上面描绘了他们在宴会上的样子。宴会是伊特鲁里亚艺术中的一个常见主题, 壁画、花瓶装饰和墓葬品中都有出现。这口石棺由四块大的陶土制成, 它们被连接在一起, 并上了色。另一口类似的石棺也是在挖掘同一座古墓的过程中被发现的, 现藏于法国的卢浮宫。

　　在希腊, 这一时期的宴会是严格意义上的男性活动, 被允许参加的女性只有奴隶或高级妓女。在希腊人眼中, 伊特鲁里亚夫妻一同用餐的行为是不正常的, 并由此产生了一种观念: 他们认为伊特鲁里亚人的生活方式是奢侈、轻浮和堕落的。

　　图中对这对夫妻进行了详细的描绘: 他们坐在垫子上, 手臂和手的动作使得他们的形象栩栩如生。工匠将注意力集中在人物的上半身, 相较于人物的下半身, 则更注重表现人物的表情和手势, 而当人的躯干转向观者时, 对下半身的描绘较少, 并且显得毫无生气, 甚至有些笨拙。

伊特鲁里亚壁画, 描绘了一幅宴会场景, 展现了一对夫妻在宴会上共用一把椅子的画面。来自塔尔奎尼亚, 希尔兹墓 (Tomb of the Shields), 约公元前350年 [新嘉士伯艺术博物馆 (NY Carlsberg Glyptotek), 丹麦, 哥本哈根]。

共和国时期：民主和扩张

这尊阿佛洛狄忒的雕像是罗马艺术家基于希腊原作创作的早期仿制品，出自雕塑家卡利马乔斯（Kallimachos）之手，现位于蒙泰马丁尼中心博物馆，那里是罗马第一座发电站的原址，现被改建成博物馆，里面收藏了大量共和国时期的雕塑和肖像作品。

　　当罗马人在公元前509年驱逐伊特鲁里亚国王的时候，世界发生了变化。没有了国王，取而代之的是一个冉冉升起的共和国，而且这个共和国由出生于罗马的罗马人统治。元老院的成立以及每年一次的执政官选举，选出的执政官们代表国家行使权力，这使得罗马成为一个民主国家，这一民主制度维持了近五百年，几乎没有变动。

　　这种新的政权形式意味着需要新的艺术表现形式。受人尊崇的雕像表现的不再是国王，而是普通人。同时，统治者还需要宽敞的公共空间和建筑来推行共和国政府的各项工作。此外，罗马统治阶级需要一种新的方式来宣传、纪念和庆祝军事领袖和政治家的功绩，并通过肖像和葬礼艺术来建立家庭遗产。

　　城市规划方面也得到了发展，创造了围绕公民、政治和经济生活的公共空间，以满足市民的生活需求。共和国时期建造了首批真正的里程碑式的公共空间，如古罗马广场，在共和国刚成立的那几年里，它成为由罗马统治者发起的竞争日益激烈的建筑计划的焦点。城市规模随着罗马的殖民扩张而扩展，这使罗马的一些城市发展得与首都越来越相似，创造了一种独具罗马特色的城市景观，遍及罗马的各个地区。

共和国时期，古罗马广场成为政治活动、社会活动、宗教活动和市民生活的中心。此外，在共和国后期，它还成为统治阶级之间激烈竞争的场所——各阶层在这里宣传自己。

　　权力的扩张首先发生在意大利，然后是意大利之外，这使得罗马接触到多种文化。长久以来，罗马统治者以其对所征服地区人民的新思想的高度包容性著称，无论是宗教、艺术还是哲学方面。罗马的艺术和建筑融合了本土和外来文化，成为独特的罗马风格，这在共和国的后期表现得尤为明显。这时的罗马艺术与公元前3世纪末的艺术有着显著区别。公元前212年，锡拉库萨（Syracuse）被洗劫一空，大量的希腊艺术品和建筑风格首次传入罗马。随后，希腊的艺术和建筑风格在罗马呈爆炸式发展，这对罗马的绘画、雕塑和建筑产生了深远影响。

　　共和国的最后两个世纪以越发依赖公共艺术的规则为标志。在政治和军事上有权势的人物都争相在通常的一年执政期之外掌控罗马，这导致公共艺术和建筑的扩散，一些建筑被用于提升和巩固个人的权力或权威，而非用于维护

卢基乌斯·科尔内利乌斯·西庇阿·巴尔巴图斯（Lucius Cornelius Scipio Barbatus）的石棺，来自罗马阿皮亚古道（Via Appia）上的西庇阿（Scipio）之墓。这座家族墓使用了近两百年，是古罗马的一座标志性建筑，用来纪念家族成员的成就并激励下一代。

元老院或人民的权利。公元前1世纪，苏拉（Sulla）、庞培（Pompey）和恺撒（Caesar）等人将艺术作为一种宣传手段，取得了巨大成功，这种做法在此后的整个共和国时期得到了延续（范围遍及整个帝国）。因此，除了创作对象本身之外，公共艺术和建筑的创作动力以及包含在其中的象征意义也成为值得考虑的因素。

艺术和建筑在共和国的最后几任统治者的竞争、理念和阴谋中发挥了至关重要的作用。公元前1世纪30年代，屋大维（Octavian）和马克·安东尼（Mark Antony）以及克利奥佩特拉（Cleopatra）之间的最后冲突，在很大程度上基于图像和肖像的使用。公元前27年，屋大维被授予"奥古斯都"称号。随着屋大维的最终成功，通过公共艺术和私人艺术宣传思想及成为元首后的权力已成为统治者的主要手段，它们不再被用于宣传民众选举出的执政官的权力。之后，随着政府结构的改变，艺术随之再次发生变化。

SEPVLCRVM·L·CORNELII·SCIPIONIS·BARBATI

三脚架

约公元前500—前475年
青铜·高：61.7厘米，宽：47厘米，深：44厘米
来自意大利，拉齐奥，蒙塔尔托迪卡斯特罗
大英博物馆，英国，伦敦

这个三脚架的制作过程是先将青铜原料铸成几块，然后再连接起来，它可以用来支撑碗或火盆。每条腿由三部分组成，它们在顶部相接成拱形，每个拱形上面都装饰了一只正在吞食猎物的狮子造型。每条腿的顶端都有一对人像，据猜测，他们分别是赫拉克勒斯（Hercules）和赫拉（Hera），两个半兽人以及狄俄斯库里（Dioskouroi）兄弟［双胞胎兄弟卡斯托耳（Castor）和波吕丢刻斯（Pollux）］。腿的底部也被装饰了，爪形的装饰物位于青蛙的背上，其上方冠以一圈棕榈叶造型、螺旋纹案和橡子造型。顶部装饰物的主题人物之间没有明确的联系，组约大都会艺术博物馆中也有类似的藏品，这意味着这些构件呈现的是一种不相关的神话人物的组合，而非综合性肖像。

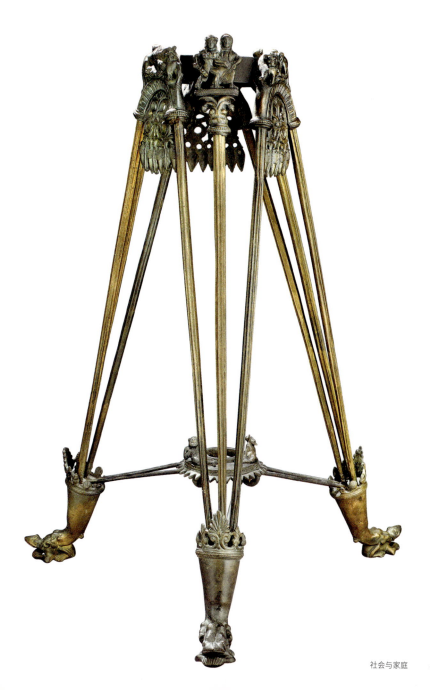

葡萄酒过滤器

约公元前5世纪
青铜·长: 30.5厘米, 直径: 10.2厘米
来自意大利, 拉齐奥, 蒙塔尔托迪卡斯特罗, 武尔奇
大英博物馆, 英国, 伦敦

　　这件青铜葡萄酒过滤器对于家庭来说是一种非常实用的
器皿, 同时它也说明了葡萄酒在古代文化中的重要性。罗马
葡萄酒和现代的饮料一样, 质量和价格各不相同。不过, 它
的酒精含量要高得多, 因此需要与水混合才能使其可口, 同
时也可以防止人们因过度饮用而醉酒。把水和酒混合在精致
的容器里的仪式化过程 (特别是在晚宴或座谈会上) 是从希
腊人那里继承来的。因为葡萄酒中含有大量沉淀物, 所以类
似图中这种过滤器就成了葡萄酒制作过程中必不可少的工具。

美杜莎装饰瓦

约公元前510—前500年
赤陶·尺寸：未知
来自意大利，罗马附近，维爱，波托纳奇奥朝圣所
伊特鲁里亚国家博物馆，意大利，罗马，茱莉亚别墅

　　装饰瓦是一种覆盖在屋顶瓦片边缘的垂直砖块，通常被雕刻成某个人物的造型或某种图案。这片经过华丽雕刻且上了色的装饰瓦上描绘了一个蛇发女妖戈尔贡（Gorgon），最有可能是三姐妹中的美杜莎（Medusa）。戈尔贡三姐妹的头发是一条条蠕动的毒蛇，她们的目光可以将注视她们的人变成石头。三姐妹中有两个是不死之身，美杜莎除外，但后来她被希腊英雄帕修斯（Perseus）杀死了。尽管她们的外貌和名声令人生畏，但人们还是把她们的形象装饰在了物品和建筑上，以此起到保护主人的作用。

女法瓮或艾奥形象的康塔罗斯酒杯

约公元前375—前350年
赤陶·高: 18.3厘米, 直径: 9厘米
来自意大利南部, 阿普利亚
洛杉矶艺术博物馆 (Los Angeles County Museum of Art), 美国, 洛杉矶

　　这只酒杯是一个很好的示例: 将两种不同的艺术传统融合, 从而创造出一种新事物。康塔罗斯酒杯是一种带把手的深杯, 采用了伊特鲁里亚当地的造型风格。在这里, 它被描绘成一种拟人化的头部造型, 这一设计理念源自希腊。它是在意大利南部的阿普利亚制作的, 该地区成为意大利希腊式陶器的制作生产中心。杯子顶部的外侧描绘了一个带翅膀的红色人物。通过人物苍白的皮肤推断, 这是女性的头部造型, 因为在希腊陶器中, 女性的皮肤通常会被涂成乳白色。人们认为, 这里描绘的是法瓮 (faun, 半人半羊) 或艾奥 [Io, 希腊神话中赫拉的女祭司]。

两个女人正在玩关节骨

约公元前330—前300年
赤陶·高:21厘米, 宽:22.4厘米,
深: 12.5厘米
来自意大利, 那不勒斯附近, 卡
普阿
大英博物馆, 英国, 伦敦

　　这尊小雕像群由几块单独的模制黏土部件构成, 各黏土部件在烧制过程中被组合在了一起。雕像展示了两个正在玩距骨(关节骨)的女人。这两尊人像是蹲着的姿势, 由小钉子固定在底座上, 以便移动。距骨游戏是一种掷骰子的碰运气游戏, 距骨通常由山羊的关节骨制成。我们通过考古文献中对古人玩游戏场景的描述以及留存下来的游戏道具碎片和标记(见第160页)可知, 不论是棋盘游戏还是掷骰子游戏, 在古代世界都非常流行。

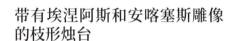

带有埃涅阿斯和安喀塞斯雕像的枝形烛台

约公元前430—前410年
青铜·高: 54.5厘米
来自意大利,科马基奥(Comacchio)附近,斯皮那(Spina),
特雷巴山谷墓地(Valle Trebba Necropolis)
博洛尼亚考古博物馆,意大利,博洛尼亚

　　烛台是一种与宴会有关的奢侈物品,类似图中这样的烛台通常放在三脚架上,上面用动物脚的造型装饰,并装有一根长杆用以支撑一个尖头的冠状物(用来放蜡烛)。这个烛台的顶部有一个装饰物——一个站立的年轻战士的形象,他被认为是埃涅阿斯(Aeneas),此刻,他正搀扶着他失明的父亲安喀塞斯(Anchises)从特洛伊走来。这一设计不仅体现了希腊神话对意大利工匠的影响,也体现了埃涅阿斯在罗马神话中日益重要的地位。

野猪造型的阿斯克斯

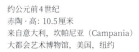

约公元前4世纪
赤陶·高: 10.5厘米
来自意大利，坎帕尼亚（Campania）
大都会艺术博物馆，美国，纽约

　　阿斯克斯是一种用来倾倒少量液体（如油）的容器，在这里，它是小野猪的造型。阿斯克斯通常以动物的造型出现，包括真实存在的动物以及神话中半人半兽的形象。这件野猪造型的阿斯克斯制作于意大利南部的坎帕尼亚，由当地的红褐色黏土制成，表面覆了一层黑釉。为了方便使用，人们在它的背部加了一个手柄，手柄底部和野猪的嘴是容器的开口。这头野猪的特征描绘得非常详细，包括蹄子、小獠牙和耳朵周围的一簇鬃毛。

P. 法尼尤斯·希尼斯特（P. Fannius Synistor）别墅里的 M 房间（墓室）

约公元前 50—前 40 年
灰泥和颜料·房间尺寸：2.7 米 × 3.3 米 × 5.8 米
来自意大利，坎帕尼亚，庞贝附近的博斯科雷尔（Boscoreale）
大都会艺术博物馆，美国，纽约

　　M 房间被确认是一间卧室，以庞贝第二风格（second-style）的壁画装饰。这种主导了公元前 1 世纪的风格将建筑元素和错视画（trompe l'oeil）结合在了一起。后墙上描绘了一个小石窟，在丘陵地貌的下方有喷泉和赫卡忒（Hekate）的雕像。由两根柱子构成的护墙上装饰有黄色的单色景观，并且上面有一只装满水果的玻璃碗。此外，护墙的中间还有一扇窗，看起来像是后来加上去的。侧墙被柱子分成四部分：庭院中的雕像、圆形大厅、塔架以及与城镇景观交替出现的植被。

P. 法尼尤斯·希尼斯特别墅的房间里的壁画

约公元前50—前40年
灰泥和颜料·高: 1.8米, 宽: 1.2米
来自意大利, 坎帕尼亚, 庞贝附近的博斯科雷尔
大都会艺术博物馆, 美国, 纽约

这是H房间里的一系列壁画中的一幅, H房间很可能是别墅里的一间餐厅。该房间东墙尽头的那幅画展现了许多希腊风格的场景, 并按照希腊传统以巨幅画的形式呈现出来。

自这些画被发现以来, 学者们一直在争论它们所代表的意义。其中, 大多数人的观点认为, 这些画作描绘的可能是一场皇室婚礼或王位继承的场景。第一种场景描绘的是一个穿着紫色和白色衣服的女人, 她坐在椅子上, 正在弹奏一把金色的拨弦乐器, 她的身后站着一个年轻女孩。在中间区域, 我们可以看到有一男一女坐在王座上, 其中的年轻男子赤身裸体地倚靠在王座上, 手持一根金杖, 而他右边的女人则穿着精致的长袍, 身体前倾, 手托着下巴。这一姿态让人猜测她应该是这位年轻男子的母亲, 而非妻子, 而且这位男性正是尊贵的君主。在最后一个场景中, 有一位年轻女子, 她站在那里, 目光看向对面墙上的维纳斯画像, 她的手里拿了一个金盾牌。盾牌的中央映出一个赤裸的年轻男子的身影, 而他头上皇冠的白色细节则是用来表明其国王的身份的。

20世纪30年代的别墅模型, 别墅位于庞贝附近的博斯科雷尔。人们认为它属于P. 法尼尤斯·希尼斯特, 因为在公元前1世纪上半叶, 他是这栋别墅的所有者之一。这栋乡间别墅是乡下别墅的变体——将奢华的生活与农业生产相结合。别墅中的壁画展现了主人的高雅品位。

马克杯

约公元前5世纪后期—前4世纪
赤陶·高：6.9厘米，直径：8厘米
来自意大利南部
克利夫兰艺术博物馆，美国

乍一看，这只杯子没有什么特别之处。事实上，它制作于意大利南部，并试图模仿源自伊特鲁里亚的精致的布克凯洛陶器。杯子采用了一种简单的设计，由围绕杯身的同心环组成，类似布克凯洛陶器的外观是黑釉产生的效果。边缘和把手上的轻微磨损表明，杯子实际上是用意大利南部常见的红棕色黏土制作的，与北部常见的深灰或黑色黏土完全不同。

具有埃及风格的壁画

约公元前20—前10年
灰泥和颜料·高：2.3米，
宽：0.5米
来自意大利，那不勒斯，博斯
科特雷卡塞（Boscotrecase）
的奥古斯都别墅（Villa of
Augustus）
大都会艺术博物馆，美国，纽约

在奥古斯都的女婿玛尔库斯·阿格里帕（Marcus Agrippa）将军建造博斯科特雷卡塞的别墅时，第三绘画风格 [Third-Style，又被称为装饰风格（Ornate style）] 正受到人们的追捧。这栋别墅里的大多数房间都是以第二风格建造的，其中有一间被称作"黑色房间"（Black Room）的例外，它是以一种更加新颖的风格建的。与第二风格一样，第三风格也是利用建筑自身的特征进行装饰，不同的是，它采用非现实的方式拉长和修饰这些特征。墙壁的三分之二的面积被涂成黑色，底部有一个深红色区域。金色烛台支撑着一块上面描绘有埃及风格的神牛的嵌板。天鹅作为阿波罗的象征，也是房间里反复出现的图像。

刮身板

约公元前50—前40年
青铜·长：21厘米
出处未知
大都会艺术博物馆，美国，纽约

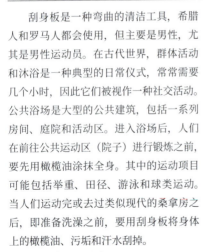

刮身板是一种弯曲的清洁工具，希腊人和罗马人都会使用，但主要是男性，尤其是男性运动员。在古代世界，群体活动和沐浴是一种典型的日常仪式，常常需要几个小时，因此它们被视作一种社交活动。公共浴场是大型的公共建筑，包括一系列房间、庭院和活动区。进入浴场后，人们在前往公共运动区（院子）进行锻炼之前，要先用橄榄油涂抹全身。其中的运动项目可能包括举重、田径、游泳和球类运动。当人们运动完或去过类似现代的桑拿房之后，即准备洗澡之前，要用刮身板将身体上的橄榄油、污垢和汗水刮掉。

较大的公共浴场（特别是在罗马城和其他大城市）里还有图书馆、餐厅和花园，更像是现代的温泉浴场，而不仅仅是一个具备清洁功能的场所。据估计，（公元前3世纪）罗马的卡拉卡拉浴场（Baths of Caracalla）可以同时为一千六百人提供服务。女性也会去浴场，但与男性分开。由于她们不想自己像男人一样运动，因此活动的区域通常在较小的开放空间内。

刮身板是日常生活中常见的物品，它的功能性很强，其中有一些是用玻璃装饰或制作的，还有一些上面甚至有一层镀金。图中的这个与大多数刮身板一样，是用青铜制作的，把手上还刻有主人的名字：阿加马克（Agemachos）。

庞贝的史塔宾浴场（Stabian Baths，公元前2世纪），男女都有单独的运动区和沐浴区。供男性使用的运动区构成了浴场建筑的中心空间。

带有弓箭手图案的圣甲虫戒指

公元前5世纪后期
金和玛瑙·圣甲虫的长：1.5厘米
来自意大利，伊特鲁里亚
J. 保罗·盖蒂博物馆，美国，洛杉矶

虽然这枚戒指是在伊特鲁里亚制作和修复的，但它的风格却是希腊式的，可能是一位在当地工作的希腊艺术家制作的。圣甲虫戒指具有东方风格，背面是甲虫的图案，玛瑙的正面刻有一个弓箭手的凹雕图案。弓箭手呈跪姿，手拉着弓。有人推测这里描绘的人物可能是奥德修斯（Odysseus）。戒指由黄金制成，支撑玛瑙的指环两侧的尖头被雕刻成狮子头的造型。

阿雷佐的喀迈拉

约公元前400年
青铜·长：1.3米
来自意大利，托斯卡纳，阿雷佐（Arezzo）
佛罗伦萨国家考古博物馆（National Archaeological Museum of Florence），意大利

喀迈拉是希腊神话中一种会喷火的混合生物体，这只野兽的典型形象是拥有狮子的头部，背部有一颗昂起的山羊头，还有一条带蛇头的尾巴。这尊铜像是展示这种生物的最佳范例之一，意在让人们对其进行全面观察。身体侧面的痕迹表明它受了伤。咆哮的大口、竖立的鬃毛和拱形的后背都表明它身处在一场战斗中。同时，它还是一件祭品，因为上面刻着"Tinscvil"的字样，意为"提尼亚（Tinia）的祭品"，提尼亚是伊特鲁里亚的天空之神。

斜倚的七弦琴演奏者造型的容器

约公元前400—前375年
青铜·高: 5.2厘米
来自意大利
克利夫兰艺术博物馆, 美国

    这是一尊表面有镀金痕迹的青铜小雕像, 描绘了一个靠着枕头斜倚在卧榻上的人物形象, 他的手里还拿着一把古希腊七弦琴。这是六个装饰物中的一个, 其他装饰物包括一个长笛手、一个拿着圆锥形石头 (宗教仪式中用的石器) 的人以及宴会上的几位用餐者。作为一个整体, 这些雕像展现了宴会的场景, 这也是希腊人、伊特鲁里亚人和罗马人社会生活中的重要组成部分。不过, 这些容器是功能性物品还是装饰性物品尚不清楚。

带有赫拉克勒斯休息图案的伊特鲁里亚宝石戒指

约公元前4世纪
金和红玉髓·高:1厘米, 宽:2.5厘米,
深: 2.5厘米
来自意大利, 伊特鲁里亚
沃尔特斯艺术博物馆 (Walters Art
Museum), 美国, 巴特摩尔

　　这枚戒指的制作工匠将一种著名的装饰刻进了红宝石, 展现了赫拉克勒斯休息的画面。在赫拉克勒斯的背部、腿后和脚边, 我们一如既往地可以看到他的狮子皮披风。他一只手拿着棍子, 另一只手拿着一只康塔罗斯酒杯, 这表明他在饮酒, 也暗示了他正在休息。工匠试图在其中展示一些风景, 因为我们在赫拉克勒斯的身后隐约可以看到一棵树。关于赫拉克勒斯的这一斜倚姿势的描绘最早出现在公元前6世纪, 但这一特殊的造型是在公元前4世纪引入伊特鲁里亚的, 并且在希腊和意大利都颇受欢迎。

扣针

约公元前4—前3世纪
金·长: 8厘米
来自意大利，坎帕尼亚
克利夫兰艺术博物馆，美国

  扣针是纯粹的功能性物品，它在设计上与别针相似，在古代是用来固定衣服的。它们以其罗马名称为世人所知，而且在地中海地区随处可见。由于它们的日常用途，所以其制作材料和风格也是多种多样，从简单的青铜或铁制扣针到镶有宝石的精致金扣针。例如，图中的这枚金制水蛭形扣针，顶部有一个皇冠造型的小装饰，而铰链和侧面的细针则是由金色的链条制成的。

雕刻手镜

约公元前326—前300年
青铜·高: 28.8厘米, 直径: 13.9厘米
来自意大利, 伊特鲁里亚
卢浮宫, 法国, 巴黎

　　对一般女性来说, 这种雕刻镜
子是奢侈品。上面描绘的是图兰
(Turan, 伊特鲁里亚的阿佛洛狄忒
或维纳斯) 骑着天鹅飞的画面 (天鹅
经常作为女神的同伴出现), 周围环
绕着一圈月桂叶。这是希腊和伊特鲁
里亚的装饰镜子的流行母题。镜子
(包括圆盘和把手) 被铸造成一个整
体, 并以动物后腿形状的把手结束。

金项链

约公元前350—前330年
金·长: 18厘米; 人头形吊坠高:
2厘米; 水滴形吊坠高: 2.5厘米
来自意大利, 阿普利亚, 塔伦特姆
大英博物馆, 英国, 伦敦

这是一条做工精致的金项链, 它的吊坠由玫瑰花、莲花和女性头部等金饰造型组成, 运用了多种金饰工艺。其中, 有十四朵玫瑰花饰吊坠和八朵莲花饰吊坠得以留存至今, 背衬由金线和双管组成, 用来穿吊坠。此外, 项链上还有八个人头造型的小吊坠, 由金片制成, 与另外八个较大的种子造型的吊坠交替出现。另外, 还有六个较大的女性头部造型的吊坠, 人物戴着螺旋形耳环, 脖子上戴着项链, 头上戴着花冠, 其中两个吊坠的头部有一对犄角, 由此可以推断, 这里描绘的是艾奥 (她是赫拉的女祭司, 后来变成了一头牛)。这条项链是在意大利南部的希腊城塔伦特姆 (Tarentum) 的一座古墓里发现的, 因此有人认为这座墓属于赫拉的女祭司艾奥。

鱼盘

约公元前340—前320年
赤陶·高: 4.6厘米, 直径: 13.1
厘米
来自意大利, 阿普利亚
大英博物馆, 英国, 伦敦

　　一些品相上乘的红彩陶器大多来自意大利的阿普利亚, 包括图中的这个鱼盘。盘子上绘了三条鲈鱼和三只帽贝 (limpet), 它们的身上涂有红色和白色的高光颜料, 并环绕在一个中心花环的四周, 两侧还装饰有波浪花纹, 这些图案都绘在黑色的背景上。这个鱼盘虽然采用的是希腊式的制作方式, 但设计完全是意大利风格, 这反映出鱼和海鲜在意大利南部饮食中的重要性。盘子边缘向中间倾斜, 从而形成一个可以盛放酱汁的凹槽。另外, 在地中海的其他地方尚未发现这种样式的盘子。

维卡里罗酒杯

公元前1世纪后期—公元1世纪初
银·高: 12.2厘米, 宽: 7.8厘米
来自意大利, 拉齐奥, 维卡里罗 (Vicarello),
阿奎阿波利纳雷 (Aquae Apollinares)
克利夫兰艺术博物馆, 美国

　　这只酒杯描绘的是一幅包含多个人物的场景, 该场景发生在位于乡村的普里阿普斯 (Priapus) 圣殿。酒杯上雕刻有美纳德 (maenad, 酒神狄俄尼索斯的不朽女性追随者, 也是狂热的仪式之神), 她和杯子另一侧浮雕里的萨提 (satyr, 半人半兽) 一样, 正在心醉神迷地舞蹈。普里阿普斯是希腊神话中的生育之神, 他保护牲畜、果树和花园, 并以其夸张的巨大阴茎而闻名。普里阿普斯以一种风格化的边界形式出现在酒杯上, 位于杯身的顶部。

红彩陶酒坛

约公元前490—前480年
赤陶·高: 33.5厘米, 宽: 40
厘米
来自意大利, 拉齐奥, 蒙塔尔
托迪斯卡斯特罗, 武尔奇
宾夕法尼亚大学考古学与人类
学博物馆, 美国, 费城

这是一只酒坛 (一个带有高手柄的矮胖容器, 用于储存液体), 一面描绘了赫拉克勒斯大战尼米亚猛狮的画面, 另一面描绘了提修斯 (Theseus) 与马拉松牛 (Marathnian Bull) 搏斗的画面。这两幅画面描绘的都是英雄与动物搏斗的场景, 它们都是神委派给英雄们的任务。基于画面中的风格与技术元素, 这两幅画被认为出自画家克莱奥弗拉德 (Kleophrades) 之手。这位匿名画家以创作比例均匀的人物画而闻名。虽然他的工作地点在雅典, 但很多作品都被出口到了伊特鲁里亚。

成套首饰

约公元前475—前425年
黄金、玻璃、水晶、玛瑙和红玉
髓·项链长：36厘米
来自意大利，拉齐奥，蒙塔尔托
迪卡斯特罗，武尔奇
大都会艺术博物馆，美国，纽约

这套珠宝是伊特鲁里亚最丰富的墓葬品之一，包含男性和女性所佩戴的多件首饰。全套共有十件首饰，都是用黄金制成的，其中一些首饰上面还镶了宝石。这套珠宝包括一条由黄金和玻璃制成的吊坠项链，一对用黄金、水晶和红玉髓制成的圆盘形耳环，一枚刻有狮身人面像的扣针，一对黄金扣针，一枚金色别针和五枚戒指。其中两枚戒指上刻有圣甲虫图案，并且可以在旋转的底座上转动。另外，还有一枚戒指的造型看上去像只狮子，其实它描绘的是萨提，并用红玉髓作为装饰。虽然我们不知道墓主人的身份，但显然可以确定的是他非常富有。

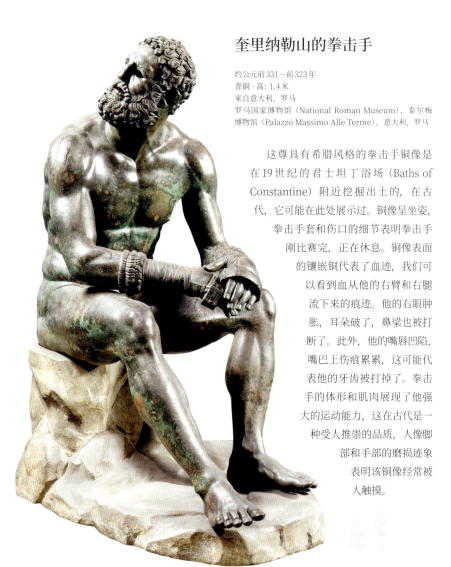

奎里纳勒山的拳击手

约公元前331—前323年
青铜·高: 1.4米
来自意大利,罗马
罗马国家博物馆 (National Roman Museum),泰尔梅博物馆 (Palazzo Massimo Alle Terme),意大利,罗马

这尊具有希腊风格的拳击手铜像是在19世纪的君士坦丁浴场 (Baths of Constantine) 附近挖掘出土的,在古代,它可能在此处展示过。铜像呈坐姿,拳击手套和伤口的细节表明拳击手刚比赛完,正在休息。铜像表面的镶嵌铜代表了血迹,我们可以看到血从他的右臂和右腿流下来的痕迹。他的右眼肿胀,耳朵破了,鼻梁也被打断了。此外,他的嘴唇凹陷,嘴巴上伤痕累累,这可能代表他的牙齿被打掉了。拳击手的体形和肌肉展现了他强大的运动能力,这在古代是一种受人推崇的品质,人像脚部和手部的磨损迹象表明该铜像经常被人触摸。

青蛙造型的酒壶

约公元前4世纪
赤陶·高: 5.8厘米，宽: 11.2厘米，长: 9.1厘米
来自意大利，阿普利亚
克利夫兰艺术博物馆，美国

　　这只酒壶在宗教仪式中用于喷洒液体，造型上采用了青蛙蹲着的姿势。与其他同类型的容器相似，酒壶的一侧有一个小把手，两端各有一个喷嘴。酒壶是用当地红褐色的黏土烧制成的，表面上的黑色图案和白色图案是为了强化酒壶的造型。条纹和圆圈图案的运用强化了青蛙凸起的眼睛和苍白的腹部，这远比造型本身展示出的效果要明显。

雕刻有狄俄尼索斯狂欢画面以及帕修斯与美杜莎的头部的西斯塔

约公元前4—前3世纪
青铜·高: 51.5厘米, 直径: 26.5厘米
来自意大利, 罗马附近, 普尼斯特[Praeneste, 今帕莱斯特里纳(Palestrina)]
沃尔特斯艺术博物馆, 美国, 巴特摩尔

　　西斯塔（cista）是一个通用术语, 用来描述存放物品的圆形或方形盒子, 这些物品通常比较贵重, 大多与女性用品有关, 如珠宝、化妆品和镜子。此外, 人们发现了多件这样的圆柱形青铜西斯塔。图中的这件西斯塔采用了典型的神话场景来装饰, 包括全方位雕刻的树叶图案、锁链以及装饰有人物造型的把手, 另外, 还有关于酒神狂欢的场景描绘。西斯塔底部的精美雕刻描绘的是美杜莎被帕修斯杀死的场景, 此刻飞马帕加索斯（Pegasus, 古希腊神话中缪斯女神的坐骑）从美杜莎的头顶腾空而起。

斯基弗斯

约公元前1世纪
银·高: 9.5厘米, 宽: 16.2厘米, 直径: 10.7厘米
来自意大利, 拉齐奥, 蒂沃利 (Tivoli)
大都会艺术博物馆, 美国, 纽约

  斯基弗斯 (skyphos) 是一种深的双柄酒杯, 有一个低
矮的法兰凸缘底座, 耳形把手靠近边缘。这件容器是银质的,
上面的装饰较少, 几何图案位于杯沿和杯身之间。其中有趣
的一点是, 酒杯上刻有文字。杯脚的下方刻着女主人的名
字——萨蒂亚 (Sattia), 以及杯子的重量。

尼罗河镶嵌画

约公元前100年
石头·高: 4.3米, 宽: 5.9米
来自意大利, 罗马附近, 帕
莱斯特里纳, 福尔图娜朝圣
所 (Sanctuary of Fortuna
Primigenia)
帕莱斯特里纳国家考古博物
馆 (National Archaeological
Museum of Palestrina), 意
大利

这幅镶嵌画中描绘的尼罗河景观是罗马镶嵌画中发现的这一母题的最早示例之一。这幅画的顶部呈弧形, 表明它是朝圣所半圆壁龛里的一块地板, 其中展示了二十多种不同的场景, 包括狩猎、日常生活、船只、神话生物、动物、建筑、植物以及托勒密王朝时期的希腊人和埃塞俄比亚黑人等。有些场景使用了希腊语注释。在这幅画中, 我们可以辨认出的动物有猴子、河马、螃蟹、孔雀、骆驼、长颈鹿、狮子、蜥蜴、熊、猎豹和蛇, 其中有些并不是尼罗河区域的本地动物。老普林尼 (Pliny the Elder) 在其著作《自然史》(*Natural History*, 公元77—79年) 中提及了苏拉在帕莱斯特里纳的朝圣所里安装了镶嵌地板, 很可能就是这块。

拉奥孔

公元前40—前30年
大理石·高: 2米, 宽: 1.6米, 深: 1.1米
来自意大利, 罗马
庇奥 - 克里门提诺博物馆 (Pio-clementino Museum), 八角庭 (Octagonal Court), 梵蒂冈博物馆, 意大利, 罗马

　　这尊雕像自16世纪被发现后就立即被认为是老普林尼在其著作中描述的那个, 它由罗兹岛 (Rhodes) 的雕塑家们雕刻而成, 矗立在提图斯 (Titus, 公元79—81年在位) 皇帝的宫殿里。这一主题的特殊布局方式要优于其他绘画或青铜作品, 描绘的是阿波罗的祭司拉奥孔 (Laocoön) 和他的儿子被雅典娜女神派来的毒蛇缠住, 他们与之展开激烈搏斗的场景。雅典娜对拉奥孔向特洛伊木马投掷长矛的行为十分愤怒, 尽管特洛伊木马是个诡计, 希腊人为了纪念她, 特意把那支长矛留在了特洛伊的城门上。

黑色大理石碑文复制品

约公元前570—前550年
大理石·高: 61厘米
来自意大利, 罗马, 古罗马广场
罗马国家博物馆, 泰尔梅博物馆,
意大利, 罗马

　　古罗马广场中央的一块黑色大理石碎片上保存着已知的最古老的拉丁碑文, 这是一件复制品。长久以来, 原作所在地及其周围的遗址都被尊奉为罗马创始人、第一任国王罗慕路斯的陵墓。这在一定程度上归因于残缺不全碑文中的"雷克斯"(rex, 国王)一词, 以及早期文献中提到的两尊大型石狮, 例如, 那些用来守卫伊特鲁里亚陵墓的石狮。有证据表明, 这一地区过去还设有祭坛, 被围在一个白色的大理石围栏内, 由于它在共和国时期和帝国时期进行了多次翻修, 所以要确认具体的年代变得十分困难。

喇叭

约公元前400—前200年
青铜·长: 63.5厘米
来自意大利，托斯卡纳，伊特鲁里亚
大英博物馆，英国，伦敦

这个弯曲的青铜喇叭可能是布西纳号（buccina）。这种喇叭一般尺寸较大，造型类似角或直的大号，常用在军事上。与现代军队中喇叭的作用一样，喇叭或号角用来发出警报，战斗时用来表示进攻、撤退和队形变化，以此宣布警戒的变化。此外，在行进途中它还能为士兵提供伴奏。除了在考古挖掘中发现的喇叭之外，还有很多关于这类乐器的描述，比如罗马图拉真柱（Trajan's Column）上的乐器。

伊特鲁里亚头盔

约公元前474年
青铜·高：19.8厘米，宽：21.7
厘米，深：24厘米
来自希腊，雅典，奥林匹亚
大英博物馆，英国，伦敦

这是一顶维图罗尼亚·奈高（Vetulonia Negau）类型的头盔，盛行于公元前6世纪后期到公元前4世纪。由一块空白的青铜板锤打成相应的形状，它很可能是在武尔奇制作的。士兵使用过这顶头盔的证据来自上面的希腊铭文："希隆（Hieron），戴诺曼斯（Deinomenes）之子，锡拉库萨人，从库迈（Cumae）得到的（战利品），（献给）伊特鲁里亚的宙斯。"这顶头盔是在公元前474年库迈战役（伊特鲁里亚人与锡拉库萨人之间的战争）后俘获的战利品中的一件，后来被放置在奥林匹亚宙斯的朝圣所里。

有伊特鲁里亚士兵造型的顶部装饰物

约公元前480—前470年
青铜·高: 13.3厘米
来自意大利,拉齐奥,蒙塔尔托迪卡斯特罗,武尔奇
大都会艺术博物馆,美国,纽约

　　这件装饰物最初位于一个较高的枝形大烛台的顶部,它是伊特鲁里亚早期经典的金属制品的一个示例。右边是一个年纪较大的大胡子士兵,他身穿一套完整的盔甲,不像他的年轻同伴(没有胡须的那个),后者已经摘下了头盔和护腿。年轻士兵的左边大腿上缠着绷带,加上他被右边的人搀扶着,这表明他在战斗中受了伤。这件装饰物缺失了一个元素——受伤士兵手中的长矛,这进一步说明他在没有支撑的情况下很难行走。

货币铜棒（印记铜）

约公元前280—前250年
铸铜合金·高：9厘米，长：18厘米，重：1.7千克
来自意大利，拉齐奥，罗马
大英博物馆，英国，伦敦

货币铜棒是一种铸造的青铜制品，具有标准的样式和重量，在早期的罗马被用作货币。货币铜棒上的这些图案都是政府命令添加的，通常是有宗教象征意义的动物，政府用它们来证明其作为货币的合法性。目前还不清楚这种货币在罗马首次使用的时间。人们普遍认为，这种货币形式是由公元前6世纪中期罗马的第六任国王塞尔维乌斯·图利乌斯（Servius Tullius）推行的。然而，参考这种货币的铸造技术，学者们普遍认同它是在公元前5世纪中期推行的这一说法，因为青铜铸币技术是在公元前4世纪后期被引入的。

这种特殊铸币的正面图案是一头大象，背面图案是一头母猪。大象的图案有些不寻常，这有助于确定铜币铸造的日期。意大利的第一批大象，是希腊将军、政治家皮拉斯（Pyrrhus）于公元前280年入侵意大利南部时带来的。作为罗马宗教的一部分，母猪（或一般意义上的猪）通常用于祭祀众神，而战神玛尔斯（Mars）的献祭品则是一头猪和一头牛。

一枚罗马古币，由青铜铸造而成，上面描绘了门神雅努斯（Janus）。这枚铜币铸造于公元前335年，是罗马最早的货币之一。

努比亚人的
大理石肖像

公元前 2 世纪后期
大理石·高: 29 厘米, 宽:
19.5 厘米, 深: 19 厘米
来自埃及
布鲁克林艺术博物馆（Brooklyn
Museum of Art）, 美国, 纽约

　　这尊肖像雕像是用安纳托利
亚（Anatolia, 今属土耳其）当地
的深灰色大理石雕刻成的。它
是一个非洲男性的头像, 采用
了希腊式风格, 后被出口到埃
及。自公元前 323 年亚历山大大
帝（Alexander the Great）去世之后,
埃及一直处于希腊统治者的控制之下。作为罗马对外扩张的粮食来源
地, 埃及的地位变得越来越重要, 因此它发展成为重要的贸易中心。
这尊肖像的特征清晰地展现了托勒密王朝之外的其他种族, 很可能是
努比亚人, 来自今苏丹附近的南尼罗河地区。浓密卷曲的头发细节展
现了雕刻家的非凡技艺。这尊头部雕像是从一个较大的人物雕像靠近
颈部底部的位置折断的。

铸有罗慕路斯、雷穆斯和母狼图案的银币

约公元前269—前266年
银·重: 7克
来自意大利, 罗马
大英博物馆, 英国, 伦敦

这枚银币虽然是在罗马铸造的（如其上的铭文"Romano"所示），但上面却是希腊的面值，背面是罗马艺术中最常见的图案之一。罗马城的传奇创建者罗慕路斯和他的孪生兄弟雷穆斯由雷亚·西尔维亚（Rhea Silvia）孕育，当时有一位神（通常认为是玛尔斯）使其怀孕。这位母亲迫于她哥哥的威胁，抛弃了这对双胞胎，因为她不敢挑战哥哥的权威。后来这对双胞胎由一只母狼抚养长大。在古代和现代的艺术作品中都可以看到母狼喂养婴儿的画面，这一画面也被视作罗马的象征，时常出现在罗马的公共设施和罗马足球俱乐部（A.S.Roma）成员的衬衫上。

卡比托利欧的
布鲁图斯

约公元前300年
青铜·高：69厘米
来自意大利，罗马
卡比托利欧博物馆，意大利，
罗马

　　毫无疑问，这尊青铜像出自伊特鲁里亚，通过人物的肖像特征可以看出它融合了希腊和罗马的艺术风格。这是典型的写实风格的肖像，此种风格流行于共和国时期。人物严肃、僵硬的面部表情被视为典型的罗马风格。雕像中的人物一直都被认为是卢基乌斯·尤尼乌斯·布鲁图斯，他驱逐国王塔克文，建立了罗马共和国。然而，这种说法毫无根据。雕像底部的青铜褶皱是文艺复兴时期的附加物，这或许可以追溯到它被博物馆收入的时间。该铜像的发现地不详，但这种半身像很可能是放在家中或葬礼仪式上展示用的。

埃加迪群岛上的撞击装置

公元前241年之前
青铜·长: 90厘米, 最高点的高度: 67厘米
来自意大利, 西西里岛, 埃加迪群岛
法维尼亚的前弗洛里奥金枪鱼加工厂 (Former Florio Tuna Factory of
Favignana), 意大利, 西西里岛

从2013年开始, 在埃加迪群岛的海底陆续发现了一些船
只的撞击装置, 这些装置改变了人们对古代船只和战争的理
解。这些装置都安装在船首, 在战斗中用来刺穿其他船只,
它们的大小则表明船比我们想象中的要小。在这里发现的许
多撞击装置上都附有拉丁语铭文, 是造船时刻上去的, 其中
包括下令制造船只的官员的信息。其中一个装置上附有古迦
太基语 (Punic) 铭文。这些装置上的沉淀物显示此处是埃
加迪群岛战役的遗址, 该战役发生于公元前241年3月10日,
是第一次布匿战争的一部分。

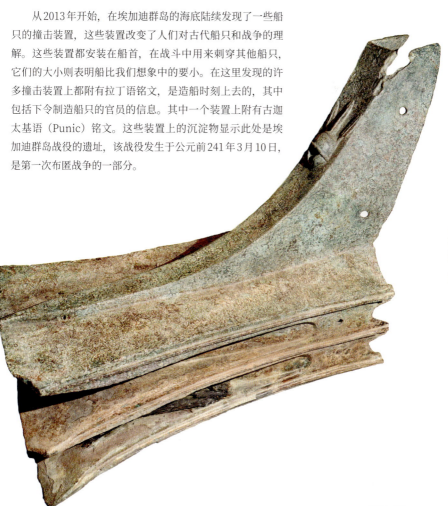

阿波罗的兰斯顿王座

公元前1世纪后期
大理石·高: 1.5米, 宽: 0.7米, 深: 0.9米
出处未知
洛杉矶艺术博物馆, 美国

　　兰斯顿王座是一座雕刻精美的高背大理石
王座, 它的装饰性要高于座椅的功能性。人们
认为它与德尔菲（Delphi）的阿波罗太阳神庙
里的王座十分相似, 这个王座的背面雕刻有代
表着阿波罗的浮雕: 一条蛇、一张弓和一个装
满箭的箭袋。这条蛇很可能是指阿波罗年轻时
杀死的那条守护着德尔菲神祇的巨蟒。其他装
饰包括覆盖在座椅上的动物皮和狮子爪造型的
座椅腿。由于王座最初的放置地点尚不清楚,
所以制作它的目的也是未知的。

韦辛格托里克斯金币

约公元前1世纪
金·直径：2厘米
来自高卢
里昂艺术博物馆（Museum of
Fine Arts），法国，里昂

这枚金币是用来展示公元前1世纪高卢本地流通货币的最佳例子之一。在恺撒大帝的著作《高卢战记》（*The Gallic Wars*）中，我们得知韦辛格托里克斯（Vercingetorix）在公元前52年成为阿尔韦尼（Arverni）部落的酋长，恺撒认为他是将高卢人团结起来一致抵抗罗马的功臣。在日尔戈维亚（Gergovia）战役中成功击败罗马人后，高卢军队在同年晚些时候又被恺撒率领的罗马军队打败。为了让数千名高卢士兵免于死亡，韦辛格托里克斯向恺撒宣布投降。战争以罗马的胜利告终，韦辛格托里克斯作为人质被囚禁了五年，之后恺撒下令将其游街后处决。

尤利乌斯·恺撒的半身像
（基亚拉蒙蒂的恺撒）

约公元前30—前20年
大理石·高：30厘米
来自意大利
基亚拉蒙蒂博物馆（Chiaramonti Museum），梵蒂
冈博物馆，意大利，罗马

　　这是仅存的两尊被认为较为逼
真的恺撒肖像中的一个，它很可能
是在公元前44年3月15日恺撒遇
刺后雕刻的。这尊肖像描绘了恺撒
严肃而憔悴的面容，融合了流行于
共和国后期的希腊风格和自然主义
的肖像风格。恺撒在生前就已经为
人民所景仰，遇刺后，他的甥外孙、
养子（也是恺撒指定的第一继承人）
屋大维将其神化为罗马的救世主。屋大
维和马克·安东尼对凶手的追捕使得恺撒
的形象在罗马政治和人们的记忆中维持了
数十年。

汉尼拔·巴卡的半身像

约公元前2世纪后期—前1世纪初
大理石·高：46厘米
来自意大利，坎帕尼亚，那不勒斯附近，卡普阿
那不勒斯国家考古博物馆（Naples National Archaeological Museum），意大利

公元前202年，迦太基将军汉尼拔被西庇阿打败后，罗马人摧毁了许多汉尼拔的肖像，因此关于他的描绘保存下来的很少。这尊大理石半身像可能属于一位普通公民，也是已知的唯一一尊汉尼拔雕像。雕像描绘的是一个留着络腮胡的鬈发男子，与现存为数不多的描绘这位迦太基将军的布匿铸币（Punic coins）上的人像相似。

汉尼拔最负盛名的事迹可能是他骑着大象翻越阿尔卑斯山入侵意大利。他在第二次布匿战争中入侵意大利，战争持续近十五年，致使不计其数的城镇和人民抛弃罗马，转而支持迦太基人。他在公元前216年的坎尼会战（Battle of Cannae）中成功击溃罗马，在这场战争中约有五万至七万名士兵被杀害或俘虏，使得意大利支持汉尼拔的人数猛增。卡普阿是当时意大利半岛的第二大城市，也是汉尼拔与罗马交战的会合地之一。这座城市很快成为汉尼拔发动其他战争的基地。因此，这尊雕像很可能是当时受委托制作的。

迦太基的拜尔萨山（Byrsa Hill，位于今突尼斯）上的房屋废墟，时间可以追溯到公元前3—前2世纪。在第二次布匿战争中，迦太基将军汉尼拔·巴卡率军入侵了意大利。

西塞罗的半身像

约公元前1世纪
大理石·高: 50厘米
来自意大利
那不勒斯国家考古博物馆, 意大利

马库斯·图留斯·西塞罗（Marcus Tullius Cicero）是古罗马著名的政治家、律师和执政官, 他被认为是有史以来最优秀的演说家之一。他的作品涉及多个主题和体裁, 构成了一个庞大的资料库。由于作品在过去被很好地保存了下来, 所以历史学家能从中了解到共和国最后几年的情况。这尊雕像遵循了公元前1世纪的新趋势, 即雕刻一种更纤长、更风格化的半身像, 它包括肩膀和躯干的上半部分。这尊雕像很可能是在公元前43年西塞罗去世时制作的, 他被描绘成一位年长的政治家, 尽管年事已高, 但颇具威严, 身上裹了一件有很多褶皱的长袍。

卢基乌斯·科尔内利乌斯·苏拉的半身像

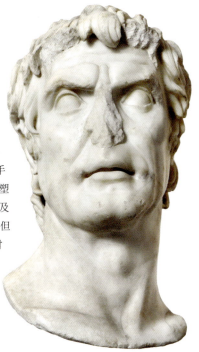

约公元前20年
大理石·高: 42厘米
来自罗马
慕尼黑博物馆（Munich Glyptothek）, 德国

这尊引人注目的半身像的原型一直被认为是罗马将领卢基乌斯·科尔内利乌斯·苏拉（Lucius Cornelius Sulla）。这尊雕像的风格与苏拉的对手马吕斯（Marius）的半身像相似, 由此可见, 雕塑家擅长以立体的方式展现人物的脸部、转动的头部及其面部表情。苏拉的脸上显示出一些衰老的痕迹, 但他却拥有浓密的、几乎难以梳理的头发, 这在同时期的罗马肖像中十分罕见。这尊雕像是在苏拉去世约六十年后制作的, 由于苏拉没有其他的古代肖像被保存下来, 所以我们无法得知关于它的归属推测结论是否正确。

宙斯的头部雕像
（提尼亚）

约公元前425—前400年
赤陶·高：36厘米
来自意大利，奥尔维耶托
（Orvieto），圣·里奥纳多大街
（Via San Leonardo）的一座
神庙
克劳迪奥·菲娜（Claudio
Faina），伊特鲁里亚博物馆，
意大利

这尊彩陶头像描绘的是一位男性神祇，很可能是伊特鲁里亚的神祇提尼亚（Tinia）。在希腊和罗马的万神殿中，提尼亚的地位等同于宙斯或朱庇特（Jupiter）。他蓄着浓密卷曲的胡须和头发，胡须呈对称分布，像逗号一样卷曲，同样浓密的波浪形头发呈中分造型，固定在脖颈。此外，他还戴着月桂叶形状的头饰，头饰上白色的描线清晰可见，头发被涂成棕色，皮肤是红色的。这尊头像来自一座神庙，那里的主神尚不清楚是谁，但人们普遍认为是提尼亚。

赫拉克勒斯的雕像

约公元前510—前500年
赤陶·高：1.8米
来自意大利，拉齐奥，维爱，博纳齐奥神庙（Portonaccio
Temple）
伊特鲁里亚国家博物馆，意大利，罗马，茱莉亚别墅

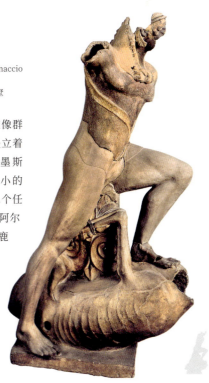

这尊雕像是雕像群的一部分。雕像群位于伊特鲁里亚神庙的屋顶，上面矗立着阿波罗、拉托纳（Latona）和赫耳墨斯（Hermes）的雕像。这尊真人般大小的赫拉克勒斯赤陶雕像展现的是他十二个任务中的一个。他的第三个任务是活捉阿尔忒弥斯（Artemis）的座驾刻律涅牝鹿（Ceryneian Hind），这最终引发了赫拉克勒斯与女神阿尔忒弥斯的弟弟阿波罗之间的冲突。尽管雕像群中没有一尊雕像被完整保存下来，但仍然可以通过图中这尊雕像的肩膀和左腿上垂下的狮子皮盔甲辨认出他就是赫拉克勒斯。

玛尔斯雕像

约公元前400年
青铜·高: 1.4米
来自意大利, 佩鲁贾, 托迪 (Todi)
格里高利, 伊特鲁里亚博物馆, 梵蒂冈
博物馆, 意大利, 罗马

　　这尊真人般大小的玛尔斯
铜像的不寻常之处在于它的金属
制作工艺, 而且它还是这一时期
幸存下来的最大且最精致的祭品之
一。人物头上的头盔以及他手里的长
矛和 (祭酒用的) 碗都已遗失, 他正在
祭神——很可能是伊特鲁里亚的战神
拉伦 (Laran)。这尊"还愿"人像的
裙子上刻有翁布里亚铭文, 写道: "阿
哈尔·特鲁蒂斯 (Ahal Truitis) 献上
(这尊) 雕像作为礼物。"玛尔斯铜像的
风格和姿势展现了希腊雕塑对雕塑家产生
的影响。

舞者之墓中的壁画

约公元前 5 世纪后期—前 4 世纪中期
灰泥和颜料·尺寸：未知
来自意大利，巴里（Bari），鲁沃迪普利亚（Ruvo Di Puglia）
那不勒斯国家考古博物馆，意大利

　　舞者之墓（Tomb of the Dancers）中的壁画是在鲁沃迪普利亚地区发现的最早的壁画。这座古墓是由珀塞提人（Peucetians）建造的，他们来意大利当地的一个部落。这座古墓深受伊特鲁里亚绘画技艺的影响，共有六幅壁画，描绘了约三十名女性手臂相连、翩翩起舞的情景。她们身穿色彩艳丽的希顿古装（chiton，一种宽大的长袍），头戴面纱，这展示了当地的纺织水平。由墓中的骨骸推断死者是个士兵，他戴着头盔，身穿护胫套，配备有一只盾、若干支矛和几把匕首。除此之外，墓中还有一些陶制品。

动物角状杯

约公元前430年

赤陶·羊杯高: 19厘米, 宽: 9.7厘米; 骡杯高: 20厘米, 宽: 12厘米
来自意大利, 费拉拉 (Ferrara), 科马基奥附近, 斯皮那, 特雷巴山谷墓地
费拉拉国家考古博物馆 (National Archaeological Museum of Ferrara), 意大利

角状杯 (rhyton) 是一种用于倾倒或盛放饮品的锥形容器, 通常是某种动物的头部造型。这种形状最早被人所熟知是在青铜时代的希腊, 后来迅速传播到欧洲和亚洲的多个地区中, 使之成为古代最受欢迎的酒具之一。这些角状杯都是红彩陶, 它们被发现于特雷巴山谷 (位于伊特鲁里亚的斯皮那城) 的一处墓群。斯皮那是伊特鲁里亚的一个重要港口, 位于亚得里亚海 (Adriatic) 沿岸波河 (Po River) 的尽头, 靠近今天的威尼斯。

这两个容器都被塑造成动物的形状——骡子和公羊。骡子张着嘴, 仿佛在嘶叫, 瓶颈处装饰着一只狗和西勒诺斯 (seilence, 跟酒神狄俄尼索斯有关的人物, 他通常被描绘成一个长着一脸白胡子的秃顶老头, 有着翘鼻子、驴的耳朵和尾巴)。公羊头造型的酒杯外侧也描绘有西勒诺斯及酒神的女祭司的形象。两只角状杯都与酒神崇拜相关, 这一点不足为奇, 因为无论是在宴会上还是在祭祀仪式上, 它们都是专门用来盛酒的容器。

这幅壁画描绘的是宴会场景, 其中一人正在用角状杯喝酒。有些角状杯的底部有一个孔, 这样人们就可以将其举过头顶, 直接将葡萄酒倒入口中 (赫库兰尼姆, 约公元1世纪)。

赤陶酒壶

约公元前4世纪
赤陶·高: 8.9厘米, 长: 13厘米
来自意大利, 坎帕尼亚
大都会艺术博物馆, 美国, 纽约

　　酒壶 (guttus) 是一种壶嘴或壶颈狭窄的容
器, 将液体从壶嘴倒入其中, 它通常用于宗教仪
式或祭祀。这只酒壶是脚的形状, 脚上还"穿"
了一双厚底凉鞋。酒壶的一侧有个小把手, 液体
由脚踝顶部的滤网倒入, 然后从脚后跟的狮头形
壶嘴流出。酒壶是用黏土和黑釉烧制成的, "穿着
凉鞋的脚"是希腊和意大利南部的希腊陶器上的
流行图案, 如下图所示。

献祭的子宫

约公元前4世纪
彩陶·长：9厘米
来自意大利，罗马附近，维爱的朝圣所
佛罗伦萨国家考古博物馆，意大利

　　这件女性子宫的黏土模型是非常
特殊的祭品，是献给一位女神的，专门用
于祈求怀孕或分娩。在古代的宗教信仰中，与生
育、分娩和受孕有关的神祇有很多，所以我们无
法得知这件祭品是献给谁的。然而，有趣的是，
它被分成了好几部分，这是一种更真实的解剖学
尝试，而非古希腊时代典型的理想化设想。这或
许反映了伊特鲁里亚人高水平的医学知识。

祭酒碗支撑物（拉萨）

约公元前3世纪或公元前2世纪
青铜·高：21.6厘米
来自意大利，伊特鲁里亚
克利夫兰艺术博物馆，美国

　　拉萨（Lasa）是与伊特鲁里亚的爱神图兰密切相关的女神。拉萨的这尊青铜雕像描绘了她的一种典型伪装：一位长着翅膀的女性，除了珠宝首饰和靴子之外，全身赤裸。如图所示，她看着手中的镜子，身体转向右侧，这一姿势通常与希腊艺术有关。这尊人物雕像曾是一只祭酒碗的支撑架的一部分。祭酒碗是一种浅盘，用来盛放祭祀用的酒，同时也是献祭仪式不可或缺的组成部分。

带有解剖图案的祭品

约公元前3—前1世纪
彩陶·高：12.7厘米，宽：17.8厘米
来自意大利，罗马附近，维爱朝圣所
大英博物馆，英国，伦敦

　　这是一件用陶土制成的内脏模型，被当作祭品献给维爱朝圣所里的某位神祇。祭品有多种形式，用于献给某位特定的神，以换取祈祷得到应验。类似的解剖模型大多与治愈有关，可能是用于展示出问题的身体部位。在罗马神话中，主要的医神是埃斯科拉庇俄斯（Aesculapius），不过其他女性神祇也被认为有治愈能力，如朱诺（Juno）、密涅瓦和黛安娜（Diana）。

阴茎形状的
小铃铛

约公元前1世纪
青铜·长：9.2厘米
来自意大利，罗马
大英博物馆，英国，伦敦

由青铜制成的小铃铛被用作铃铛或风铃，通常是阴茎的形状。与色情相反，阴茎[特别是法西努斯（fascinus）——神圣阴茎的化身]被视作躲避邪恶的保护装置。这些物品常常会与荒谬可笑的东西拼在一起，比如后腿和尾巴的边缘长有翅膀（如图所示）。这些都是为了引人发笑，通过驱赶邪灵而进一步加强它们作为幸运装置的用途。有时，一个滑稽的巨大阴茎会出现在一位神祇或其他保护象征物的身上（见第93页）。

赫尔墨斯头像

约公元前510—前500年
赤陶·高: 40厘米
来自意大利，罗马附近，维爱，博纳齐奥神庙
伊特鲁里亚国家博物馆，茱莉亚别墅，意大利，罗马

赫耳墨斯的这尊头像是一组描绘赫拉克勒斯的第三个任务（见第123页）的雕像中的第四尊（也是其仅存的部分）。赫尔墨斯是众神的使者，他戴了一顶独特的无边帽，造型呈圆锥形，这是伊利里亚（Illyria）和古希腊常见的旅行帽。他会出现在阿波罗和赫拉克勒斯的对峙中，很可能是因为他是边界及穿越边界的旅行之神，正如赫拉克勒斯将牝鹿从刻律涅（Ceryneia）运送到迈锡尼（Mycenae）的任务一样。

西安提·韩纽尼娅·特斯纳莎
（Seianti Hanunia Tlesnasa）的石棺

约公元前150—前140年
赤陶·长：1.8米
来自意大利，托斯卡纳，丘西
大英博物馆，英国，伦敦

　　这个石棺发现于丘西附近，它很可能是伊特鲁里亚的某个
贵族家族的一对石棺中的一个。石棺由黏土制成并上了色，盖
板上刻有姿势呈斜倚的主人雕像：一位年长的女性（对石棺中
骨骼的分析表明，她去世时大约五十岁）靠在垫子上，一只手
在调整斗篷，另一只手拿着一面镜子。她穿着有腰带的希顿，
身披一件镶边斗篷，还戴着各种珠宝首饰，包括一顶皇冠、一
对耳环、项链、手镯和戒指。石棺底部装饰有圆柱和花饰。她
的名字用伊特鲁里亚语刻在了这些装饰的下面。

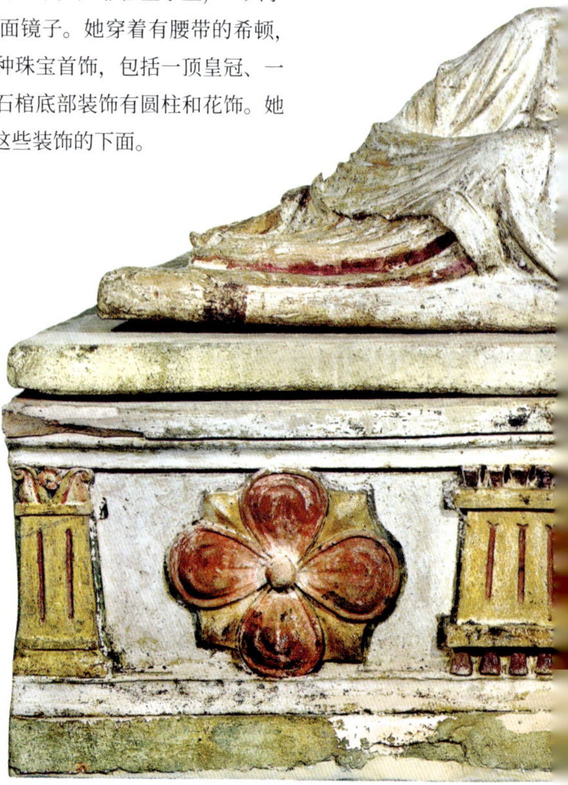

帝国前期
约公元前27—公元285年

帝国的崛起

奥古斯都的雕像（位于梵蒂冈博物馆）是罗马帝国第一任皇帝最具标志性的雕像之一。他的胸甲虽属于军装，但上面却有装饰，描绘的是公元前20年在帕提亚（Parthia），安息人送回罗马之前征战失利被夺走的罗马军旗的场景，而且这一结果是通过外交谈判而非武力达成的。

奥古斯都（屋大维）彻底改变了罗马。他创造了一种新的政府形式，这一形式在他的养子提比略（Tiberius）继位后得到巩固，之后由家族选出的统治者延续下去，直到尼禄（Nero）去世。那时，即公元前69年，那些曾生活在共和国政权下的人消失殆尽，对单一政权形式的改革在罗马的政治和思想文化中变得迫在眉睫。艺术也随着政府形态的改变而改变。不同于共和国时期，当不同的派别竞相宣扬他们对罗马的奉献以及他们自身的形象时，公共艺术和国家艺术成了同义词。艺术和建筑（在本质上）是由某个人赞助和批准的，从而产生了提升统治者形象和国家特定意识形态的作品，其中包括对家庭成员、子女、继承人和军队的运用。伴随王朝统治而来的是王朝艺术，通过肖像画、雕像和建筑与历代皇帝之间建立联系，即使在没有血缘关系或几代人都已过世的情况下依然如此。甚至过了好几个世纪，奥古斯都仍然是他们的一个榜样，他是后人以任何可能的方式效仿并与之建立联系的皇帝。

意识形态通过多种多样的媒介和手段传播。利用神话和家庭与特定神祇的关系创造了命运的概念。肖像画既有希腊风格的，也有写实风格的——运用个人的特征，但以一种风格化方式呈现某个人的年轻活力和力量，而不考虑其年龄或实际的样貌。建筑也以这种方式建造；多位皇帝建造自己的公共集会广场，扩大了罗马的公共空间，并通过神话纽带提升了自身的形象。军事经验成为将皇帝塑造为一个强有力的领袖的必要方面，而那些几乎没有任何军事实践经验的皇帝的雕像则被描绘成将军的样子。随着宫殿的建造，建筑领域也发生了改变，宫殿将历任皇帝清晰地区分开来，并成为收藏伟大艺术作品的公共和私人场所。

源自皇帝的艺术和建筑创造了一种前所未有的罗马风格。在此之前，罗马从未出现过任何展现单一的肖像和意识形态的形象，因为统治者和负责公共工程的人每年都在更换。随着由某位皇帝负责并注重表现其自身的项目的出现，艺术和建筑的统一方法在整个帝国扩散开来。无论是在罗马、庞贝、雅典还是在伦敦，公共艺术和私人艺术都反映了同样的形象和信仰。在不同的统治时期，人们在谈论统治者时经常将其划分为"好"皇帝或"坏"皇帝。从一个时期向另一个时期的转变有时会影响到罗马艺术及罗马人生活的其他方面。朱里亚-克劳狄（Julio-Claudian）王朝的最后一位皇帝尼禄（"坏"皇帝）因其奢华的古典风格，被弗拉维安（Flavian）王朝的前两位皇帝维斯帕先（Vespasian）和提图斯（"好"皇帝）所批判，所以他们回归到传统的、近乎共和国时期的艺术和建筑风格。但是，这一做法后来被弗拉维安王朝的第三位皇帝摒弃，即皇帝图密善（Domitian，"坏"皇帝），他回归到一种更接近尼禄审美的风格。竞争的消除对艺术也产生了影响：受人唾

古罗马地图，一幅大型的大理石材质的地图，由塞普蒂米乌斯·塞维鲁于公元3世纪制作并被展示在和平神庙（Temple of Peace）旁。它的准确性已经通过考古发掘得到证实，不过原作仅有10%的构件被保存在罗马的保守宫（Palazzo dei Conservatori）。

图拉真广场（Trajan's Forum）建成于公元112年，是帝国时期围绕罗马广场建造的五个广场中的最后一个。除了一个较大的开放空间之外，它还包括一座巴西利卡教堂（basilica）、两座图书馆、一个独立的专用市场和一根图拉真柱[上面装饰着关于达契亚战争（Dacian War）的场景]。

弃的皇帝的形象和名字可以被移除、销毁或更改。例如，图密善建造的公共集会广场在他遇刺身亡后，重新以皇帝涅尔瓦的名字命名；公元3世纪，皇帝卡拉卡拉（Caracalla）的弟弟，也是潜在的共同统治者盖塔（Geta），死后被卡拉卡拉从历史中抹去。

随着帝国的不断发展，艺术和建筑领域也在不断发生变化，但更多的是聚焦在各个行省，这些行省既是影响力的来源，也是建造纪念碑和提升皇帝形象的理想之地。这一点随着那些出身于各行省的皇帝的崛起而愈演愈烈，如图拉真（西班牙）、哈德良（西班牙）、塞普蒂米乌斯·塞维鲁斯（北非）和塞普蒂米乌斯·塞维鲁（Septimius Severus，叙利亚）等人。

带有尼普顿和安菲特律特形象的镶嵌画

约公元前70年
石头·尺寸：未知
来自意大利，赫库兰尼姆（Herculaneum），尼普顿和安菲特律特馆（House of Neptune and Amphitrite）
赫库兰尼姆考古学公园（Herculaneum Archaeological Park），意大利，埃尔科拉诺（Ercolano）

  在花园三躺椅餐厅的小型仙女圣所（喷泉）的墙上有一幅镶嵌画，描绘的是海神尼普顿（Neptune）及其妻子——海之女神安菲特律特（Amphitrite）。他们站在黄色的背景前，四周环绕着柱子，柱子上方有扇贝壳形状的拱顶。通过在镶嵌画边缘使用贝壳，从而强化画面与大海的联系。此外，色彩艳丽的小块镶嵌大理石则展现了该画的主人拥有的财富。这一点在该场所得到了进一步强调：房子里专门建了一间花园餐厅，同样由镶嵌画和第四风格（Fourth-style）的壁画装饰，其他的装饰包括半圆室的陶制的戏剧面具以及相邻墙壁上的喷泉装置。

存钱罐

公元25—50年
青铜·高: 12.2厘米, 深: 13.5厘米
出处未知
J. 保罗·盖蒂博物馆, 美国, 洛杉矶

　　存钱罐在古罗马世界是很受欢迎的物品, 样子
与今天的存钱罐大同小异。人们发现, 过去它们经
常被当作儿童或年轻女性的陪葬品。它们大多数是
简单的陶罐, 不如图中的这件精致、昂贵。这个存
钱罐由青铜制成, 表面装饰有用铜镶嵌制成的束腰
外衣。它是小女孩的造型, 一头鬈发, 胖乎乎的,
胳膊向前伸着, 这是不是意味着她是乞丐, 有待
商榷: 她的衣服太漂亮了, 以至于无法判定她是
不是真的贫穷, 而且她的姿势也与之相矛盾。
她的另一只手拉着外衣的领口, 那里有一
个用来投放硬币的凹槽。

碳化的面包

公元79年
碳化的面包·尺寸: 21厘米
来自意大利, 赫库兰尼姆, 牝鹿之家 (House of the Stags)
那不勒斯国家考古博物馆,
意大利

维苏威火山 (Vesuvius) 在公元79年爆发时, 图中这块面包被留在了"烤箱"里, 它也因此得以保存下来。罗马面包的外观是典型的圆形 (如图所示), 面包店每天都在制作这种面包。这块面包的特别之处在于, 上面刻有面包师的名字和身份信息: "西勒 (Celer), 昆塔斯·格拉涅斯·维鲁斯 (Quintus Granius Verus) 的奴隶。"罗马面粉的质量不等, 从精细到大颗粒, 完全取决于一个人的购买能力。这就意味着面包的质量也不同, 尽管所有人使用的都是同样的基础配方。

罗马瓦片上的猫爪印

约公元100年
赤陶·尺寸：未知
来自英国，格洛斯特（Gloucester）
格洛斯特城市博物馆（Gloucester City Museum），英国

　　尽管这片瓦是在1969年被博物馆收藏的，但直到2015年，博物馆的一名工作人员在检查罗马瓦片的碎片时才发现上面有猫爪印。罗马瓦片，或称泰古拉（tegula），是用黏土制成的。制成后，将坯体放到阳光下晒干，因此上面常常会留下小动物或昆虫的印记，甚至还有人类留下的痕迹。在这批藏品中，有印记的瓦片的数量非常惊人，这些印记分别来自狗、穿靴子的人、猪，现在又多了一只猫。这只猫从晾晒的瓦片中穿过，在坯体上留下了三个脚印。

喜剧面具造型的灯

约公元75—125年
青铜·高: 12.5厘米, 宽: 6.9厘米
出处未知
J.保罗·盖蒂博物馆, 美国, 洛杉矶

　　设计如此夸张的面具代表罗马戏剧中可确认的固定角色, 这是当时家庭装饰中流行的形式之一。这盏灯描绘的是"领头奴隶"的形象, 在喜剧中用来比喻狡猾且足智多谋的人, 这一形象的典型特征是长着勺子形的胡须, 翘天鼻, 眉头紧锁, 鬓发大多被头巾包裹, 头巾上装饰着常春藤和浆果。罗马式提灯兼具功能性和装饰性。罗马人用橄榄油之类的油做灯的燃料, 将其倒入面具的嘴巴中, 开口处有一根点燃的灯芯, 还有一个可以携带的把手。

莫塔瑞恩

公元1世纪
陶·直径：29.7厘米
来自英国，圣奥尔本斯 [St Albans，当时被称为维鲁拉米恩（Verulamium）]
大英博物馆，英国，伦敦

　　莫塔瑞恩（mortarium）是古罗马版本的臼，烹饪时用于研磨和混合香料。这种容器通常是圆形的、有倒水口的较重的盘子，由沙砾与黏土混合制成，以便于研磨。虽然图中这个莫塔瑞恩是在维鲁拉米恩本地制作的，但它却是罗马在征服不列颠群岛并将其设为行省之前，通过贸易出口到这里的，这表明该地与欧洲大陆开展贸易的时间要早于行省的建立。这个莫塔瑞恩是一个叫索卢斯（Sollus）的人制作的，他的名字被刻在了盘子的边缘处。

手术器材

公元1世纪
青铜和铁·尺寸：多种
来自意大利，庞贝，外科医生之家（House of the Surgeon）
那不勒斯国家考古博物馆，意大利

　　外科医生之家是一栋典型的意大利中庭式建筑，坐落于庞贝城的北部，这一地区以大型的豪华住宅著称。事实上，它还是庞贝城最古老的建筑之一，可以追溯到公元前3世纪萨姆尼（Samnite）人的统治时期。这栋房子因在挖掘过程中发现了大量青铜和铁制手术器材而得名。与19世纪以前医生所使用的医用工具箱类似，里面包括手术刀、导管、探针、镊子和拔出器等。古罗马医学深受希腊医学的影响，在前工业社会发展得相当成熟。

碳化的婴儿摇篮

公元1世纪
碳化木头·高: 49厘米, 长: 81厘米, 宽: 50厘米
来自意大利, 赫库兰尼姆, 马库斯·伯利亚斯·波利米涅乌斯·格拉尼亚努斯之
家 (House of Marcus Polius Primigenius Granianus)
那不勒斯国家考古博物馆, 意大利

　　公元79年, 维苏威火山的爆发以不同方式摧毁了庞贝和
赫库兰尼姆这两座城市, 对当地的不同材质的艺术品和建筑
能否幸免于难产生了深刻影响。赫库兰尼姆频繁遭到火山碎
屑热流和有毒气体的侵袭, 与庞贝古城相比, 这里保存了较
多的有机材料, 因为木材被瞬间碳化, 留下了门、家具及其
他小物件, 比如图中这个摇篮车。人们通过摇篮车弯曲的底
部和它的尺寸, 就可以立即辨认出它是什么。这是一个特别
让人感动的物件, 因为挖掘人员在摇篮里发现了一具婴儿的
遗骸, 人们猜测在火山爆发时婴儿一定是熟睡的状态。

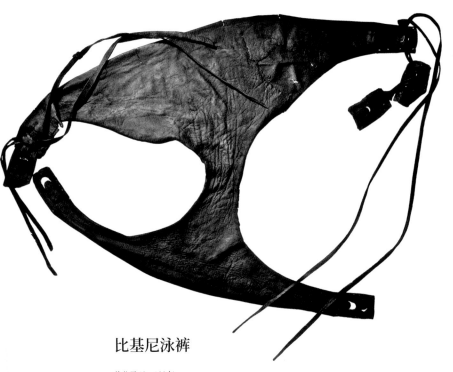

比基尼泳裤

约公元43—100年
皮革·长: 34厘米, 宽: 22厘米
来自英国, 伦敦
伦敦博物馆 (Museum of London), 英国, 伦敦

　　这件皮制比基尼泳裤的尺寸较小, 由此推测它应该属于一个年轻女子或小女孩, 这是在伦敦各地的罗马家庭垃圾堆里发现的诸多类似物品之一。这件比基尼 (或内衣) 是从事运动或杂技的女性穿的。在古罗马, 人们发现了许多穿这种衣服的女性形象。其中, 著名的例子有庞贝的朱莉娅·费利克斯之家 (House of Julia Felix) 的身穿比基尼的维纳斯雕像, 以及西西里卡萨尔别墅 (Villa Romana del Casale) 的《比基尼女孩》镶嵌画, 镶嵌画描绘了十位身穿比基尼的女性正在进行举重、掷铁饼、跑步、打球之类的运动。

巴克斯和维苏威火山壁画

约公元1世纪
灰泥和颜料·高: 1.3米，宽: 0.9米
来自意大利，庞贝
那不勒斯国家考古博物馆，意大利

　　这幅壁画可能是维苏威火山爆发前最著名的图像之一，它来自庞贝百年纪念馆（House of the Centenary），展示了葡萄种植在该地区农业中的重要性。酒神巴克斯（Bacchus，对应希腊神话中的狄俄尼索斯）站在火山的前方，他的身体被葡萄覆盖，头上戴着葡萄藤花环。我们可以看到维苏威火山的边缘生长着葡萄藤，其丰富的火山灰在过去对农业生产来说十分重要（现在仍然很重要）。壁画的底部有一条蛇和一个祭坛，这是一个专门用来供奉家庭守护神的神龛。

图书馆的规则

约公元100年
大理石 · 高: 42厘米, 宽: 29
厘米
来自希腊, 雅典
雅典古市集博物馆 (Museum
of the Ancient Agora), 希腊,
雅典

一个名叫提图斯·弗莱维厄斯·潘塔尼奥斯 (Titus Flavius Pantainos) 的雅典本地人在公元100年左右赞助建造了一座图书馆 (并捐赠了很多书) 和一些商店。今天, 图书馆的建筑几乎什么也没留下, 不过挖掘人员在那里发现了部分铭文和一块说明图书馆规则的牌匾。这座图书馆是为图拉真皇帝、雅典娜女神和雅典人民建的, 开放时间从日出到日落。严禁从图书馆拿走任何一本书 (我们已经宣誓不拿走任何一本书), 换言之, 这是一个参阅性的阅览室, 而非可以借阅书籍的图书馆。据悉, 这座建筑一直矗立至公元267年, 但图书馆到底经历了什么, 以及在这之后的情况尚不清楚。

角斗士的头盔

公元1世纪
青铜·高: 48.3厘米
来自意大利，庞贝
大英博物馆，英国，伦敦

　　这顶头盔是在庞贝角斗士的营房里发现的，它应该属于某个用渔网和三叉戟战斗的角斗士。头盔设计得可以将人的整个头部包裹起来，并且有一个由相连的圆圈组成的格栅，用来遮挡面部。此外，还有一个宽边，用来保护头部的侧面和后面。头盔的前额位置镶嵌了一枚带有赫拉克勒斯形象的勋章。庞贝圆形剧场是意大利最古老（约公元前75年）的剧场之一，可以容纳两万名观众，远远超过该城的总人口。由于公元59年的一场暴乱，角斗士比赛被禁止了十年，但在维苏威火山爆发前的最后十年又恢复了该比赛。

文德兰达书写板

公元1—2世纪
木头和墨水·平均长度：18.2厘米
来自英国，哈德良长城（Hadrian's Wall），文德兰达（Vindolanda）
大英博物馆，英国，伦敦

迄今为止，在哈德良长城的文德兰达要塞发现了七百多块书写有文字的木片。在罗马帝国的大部分地区，信件（和其他记录）都是书写在木片上的，上面用蜡覆盖，或用墨汁书写。文德兰达出土的木片是用墨水书写的，而最近从伦敦市布卢姆伯格（Bloomberg）遗址发掘的木片上的财务记录则是用蜡覆盖在上面书写的。

文德兰达书写板之所以引人注目，是因为它们包含了各种各样的通信类型，有官方的、私人的（如生日宴会的邀请），还有一些与要塞的日常事务相关。这些书写板是由士兵及其家庭成员写的，如士兵的妻子，这说明士兵们无视那些与婚姻相关的法律，而且士兵和女性的识字率比人们以往认为的要高。尽管这些人都属于罗马人，但他们中极少有意大利本地人，大多来自帝国的其他省份。尽管拉丁语不一定是他们的母语，但他们却能很好地使用它交流。随着挖掘工作在文德兰达的持续进行，更多的书写板得以重见天日。

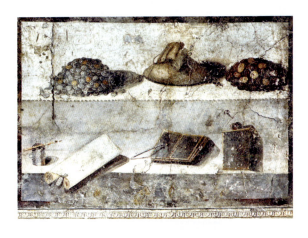

意大利庞贝城的这幅壁画（公元1世纪）的底部位置描绘了一系列书写工具：许多支尖头笔、油墨、卷轴，以及类似于在文德兰达发现的那种书写板。

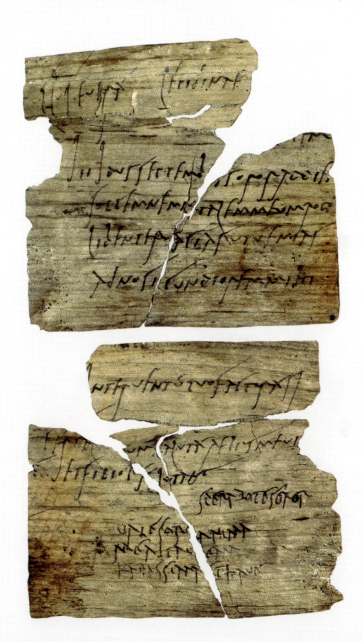

信之洞中的房门钥匙

公元2世纪
木头和铁·尺寸：未知
来自以色列，纳哈尔海韦尔（Nahal Hever），信之洞（Cave of Letters）
以色列博物馆（Israel Museum），以色列，耶路撒冷

　　在公元132—136年（哈德良统治时期）犹太人反抗罗马帝国
的最后一次起义期间，叛军领导人巴尔·科赫巴（Bar Kokhba）
和那些从前进的罗马军队中逃跑的人，一同躲进了犹大沙漠
（Judean Desert）的一个山洞里。后来，人们在那里发现了许多
物品，包括信件、家用物品及小件奢侈品，如镜子和珠宝盒，它
们能被保存下来得益于沙漠干燥的自然环境。这些物品当中有一
串由铁和铜制成的房门钥匙。这串钥匙表明那些离开家园的人在
秘密地保管它，一旦战争结束，他们就可以重返家园。

克雷佩里娅·特尔菲娜
的娃娃

公元2世纪中叶
象牙·高: 29厘米
来自意大利, 罗马
卡比托利欧博物馆, 意大利, 罗马

　　这个象牙材质的娃娃是在一个名
叫克雷佩里娅·特尔菲娜（Crepereia
Tryphaena）的女孩的石棺里发现
的, 显然这是她最爱的物品之一。根
据墓志铭可知, 小女孩去世时仅有十
几岁。考古人员在发掘时深受触动,
因为他们发现小女孩的脸是面向娃娃
的。这个娃娃的四肢都有关节, 外观
很漂亮, 它很可能与女孩的穿着打扮
相似。人们还发现娃娃戴了一枚小小
的金戒指, 戒指上连着一把钥匙, 用
它可以打开梳妆工具盒。娃娃的发型
完全模仿了安敦宁王朝的福斯蒂娜
（Faustina）皇后的发型。

萨摩斯红色陶盘

公元2世纪后期
赤陶·高: 11.2厘米, 直径: 23.4厘米
来自高卢 (Gaul)
大都会艺术博物馆, 美国, 纽约

　　萨摩斯红色陶器 (Terra Sigillata, 又被称为"萨摩斯
岛陶器") 是罗马帝国时期生产的一种陶器, 表面泛着独特的
红色光泽。质量上乘的陶器的表面泛着镜子般的光泽, 而且
人们认为在灯光的照射下甚至能出现金色。这种陶器主要是
在高卢和北非地区生产的, 包括普通的日常用品和较贵重的
浮雕装饰品。两者都使用模具, 因而能够制作出相当标准化
的形状、尺寸和装饰。这个陶盘上面有简单的装饰设计, 即
用模具在器身上不断地重复鸟和树叶的图案。

长榻和脚凳

公元2世纪
木头、骨头和玻璃·长榻高：1米，宽：0.7米，长：2.1米；脚凳高：0.2米，宽：0.4米，长：0.6米
来自意大利，罗马
大都会艺术博物馆，美国，纽约

　　图中的长榻和脚凳是由无数的碎片复原的，因此不清楚这些构件当初是不是单一的物品。由于有些碎片是在卢基乌斯·维鲁斯（Lucius Verus）皇帝（公元161—169年在位）的别墅附近发现的，所以人们一般认为它们属于他的家族。长榻的腿在设计上与其他罗马脚凳相似，上面装饰有浮雕带，包括特洛伊青年盖尼米得（Ganymede）及其两侧的猎人、马和猎犬的雕像。在希腊神话中，盖尼米得以其美貌著称，后被宙斯（伪装成鹰）绑架走，成为他的侍酒童。脚凳上装饰有丘比特和豹的雕像。长榻的框架上雕刻有镶着玻璃眼珠的狮子头装饰。

游戏盘

公元2—3世纪·
石头、陶和骨头·游戏盘宽: 28.5厘米, 长: 31.5厘米
来自英国, 哈德良长城, 豪斯特兹要塞 (Housesteads Roman Fort)
科布里奇的罗马古城 (Corbridge Roman Town), 英国, 哈德良长城

　　这个游戏盘包含计数器、骰子和骰盅, 很可能是用来玩罗马棋 (Ludus Latrunculorum) 的。罗马棋是一种类似于国际象棋的两人游戏, 据说它的发明基于军事上的战术。在古罗马, 游戏和赌博是很受欢迎的消遣活动, 在很多地方都发现了诸如骰子、小代币或游戏板之类的证据。古代文献中有一些关于游戏的内容描述, 但那不足以让人们充分理解游戏的规则或方法。人们在罗马统治下的不列颠行省发现了许多案例, 它们都说明了该游戏在军队中的受欢迎程度之高。

马戏团大口杯

公元2—3世纪
玻璃·高: 9厘米, 直径: 10厘米
来自丹麦, 维佩雷夫 (Varpelev)
丹麦国家博物馆 (National Museum of Denmark), 丹麦, 哥本哈根

  马戏团大口杯是用模具吹制而成的玻璃杯, 上面的装饰描绘的是战车竞赛及其他类型的比赛场景, 它们的发现地通常位于罗马帝国的西部。图中的这只杯子 (作为陪葬品) 是在丹麦的一座古墓中发现的, 上面描绘有牛、豹和鸟等动物图案。大多数的马戏团大口杯都是用各种场景装饰整个杯身, 这些场景均来自那些有马车的马戏团, 因此人们可以从中看出哪些马戏团最受欢迎。

沃伦杯

公元前15年—公元15年
银·高: 11厘米, 直径: 11厘米
来自以色列, 耶路撒冷
大英博物馆, 英国, 伦敦

这只希腊式银质酒杯最初有两个把手, 不过它的制作工艺表明酒杯采用的是奥古斯都时代的风格。这只酒杯与克劳狄银币一同被发现, 这表明人们在公元1世纪中叶之前一直在使用它。显然, 杯子上的装饰是希腊式的风格, 描绘了两个男性之间的性爱场景: 其中一侧描绘的是一个年长的大胡子男人和一个年轻男子, 另一侧描绘的是一个年轻男子和一个男孩。这两个场景都由纱幔和其他元素构成, 如乐器、花环和覆盖物, 暗示了他们是在室内。

精致的法国浮雕宝石

约公元23年
缠丝玛瑙·高: 31厘米, 宽: 26.5厘米
出处未知
法国国家图书馆 (National Library of France), 法国, 巴黎

　　这块浮雕宝石[又被称为"提比略的浮雕宝石"(Cameo of Tiberius)]上面雕刻了朱里亚-克劳狄王朝时期的二十四个人物, 是现存最大的浮雕宝石。这块宝石分为三部分, 最上面的区域描绘的是死者, 包括戴着王冠、手持权杖的神圣的奥古斯都, 以及提比略的弟弟和儿子[他们的名字都叫德鲁苏 (Drusus)]。在中间的场景中, 提比略赤身裸体地坐在宝座上, 旁边座位上的是他的母亲莉薇娅 (Livia)。面向提比略站着的是他的继承人日耳曼尼库斯 (Germanicus) 及其妻子阿格里皮娜 (Agrippina)。提比略的身后是未来的皇帝尼禄、克劳狄及其妻子小阿格里皮娜 (Agrippina the Younger)。最下面的区域描绘的是被俘虏的野蛮人。

波特兰花瓶

约公元前1世纪后期
宝石玻璃·直径: 17.7厘米，边缘直径: 9.3厘米，高: 24.5厘米
来自意大利，罗马
大英博物馆，英国，伦敦

　　这个蓝白相间的玻璃花瓶被认为是现存的宝石玻璃花瓶中最好的示例之一。这个花瓶制作于公元前1世纪后期，后在公元3世纪被用作皇帝亚历山大·塞维鲁斯（Alexander Severus）的陪葬品一同埋葬。16世纪，人们在罗马附近发掘了它，后在18世纪流入不列颠的波特兰公爵（Dukes of Portland）手中，不过从19世纪初开始它一直被保存在大英博物馆。众所周知，一个酒鬼在1845年参观大英博物馆时把它砸碎了。在此之后，专家对它进行了艰难的修复。花瓶上描绘的这两个场景通常被认为来自古希腊神话，很可能描绘的是色萨利（Thessalian）国王珀琉斯（Peleus）和海洋女神忒提斯（阿喀琉斯之母）的婚姻，但也有人认为那是关于马克·安东尼和奥古斯都的历史性描绘。

装饰有戏剧场景的大口杯

约公元50—100年
玻璃·高: 14.3厘米, 直径: 8.9厘米
来自叙利亚或巴勒斯坦
洛杉矶艺术博物馆, 美国

　　罗马的玻璃制造业从公元前1世纪开始飞速发展, 制造技术也发生了变化, 使得玻璃的获得变得更加容易。人们用各种方法装饰玻璃器皿, 包括绘画。然而, 彩绘玻璃并不常见, 因此这个大口杯显得尤为珍贵。由于上面的镀金痕迹被保存下来, 所以无论是在古代还是在现代它都有极高的价值。

　　尽管人们对容器上描绘的场景有不同看法, 但它代表了剧院中某个场景的这一看法被普遍认同。画面的中央站着一个女人和一个年轻人, 他们身穿厚重的斗篷, 头戴花环, 眼睛向一扇紧闭的门望去。不过, 对于场景中所展现的是一场宴会还是妓院里的一次互动, 这一点是有争议的。容器上的希腊语铭文由于残缺不全, 以至于无法传达出更清晰的信息, 但似乎表明了演员之间的交流。

　　罗马剧院上演的戏剧中, 既有喜剧也有悲剧, 但最终只有喜剧留了下来。尽管我们知道其他剧作家, 但主要的来源还是泰伦斯 (Terence) 和普劳图斯 (Plautus) 的戏剧作品, 他们在公元前3—前2世纪创作了大量戏剧。他们的剧本创作以希腊题材为基础, 有一些会反复出现的固定角色。

利比亚的大莱普提斯剧院始建于公元1世纪, 在整个帝国时期进行了多次整修, 其风格与修建时间早于它几十年的罗马马塞勒斯 (Marcellus) 剧院相似, 后者通常被认为是罗马剧院的模型。

带有俄耳甫斯和动物图案的镶嵌地板

约公元150—200年
玻璃和石头 · 1.9米×1.9米
来自法国，圣罗马加勒（Saint-Romainen-Gal）
J. 保罗·盖蒂博物馆，美国，洛杉矶

房间中央的镶嵌地板的面积约为28.06平方米（4.6米×6.1米），中心位置的图案是俄耳甫斯，四周环绕着代表了四季的人物和动物图案。镶嵌图案以六边形为主，其中包括俄耳甫斯和野兽，这些图案被放置在一个正方形里的圆圈中。俄耳甫斯是希腊神话中的一个人物，他头戴一顶弗里吉亚（Phrygian）无边软帽，被一只熊、两只狮子、一只山羊和两只猫围绕。四季的化身被框在地板的角落——左上角的人物代表夏天，逆时针转一周到左下角，即秋天。地板其余部分采用的是黑白几何图案的设计。

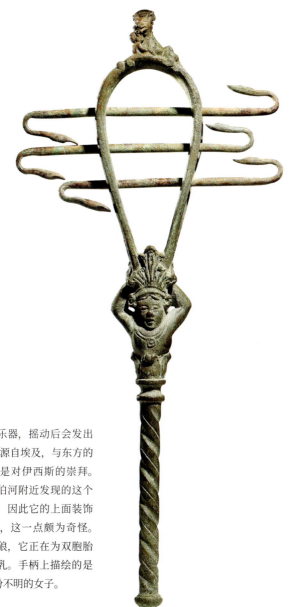

叉铃乐器

公元1世纪
青铜·高: 27.9厘米
来自意大利,罗马
大英博物馆,英国,伦敦

　　叉铃是一种打击乐器,摇动后会发出
"叮当"声。这种乐器源自埃及,与东方的
一些巫术有关,尤其是对伊西斯的崇拜。
尽管如此,在罗马台伯河附近发现的这个
叉铃仍是特别的例子,因此它的上面装饰
有罗马和埃及的图像,这一点颇为奇怪。
环形的顶端是一只母狼,它正在为双胞胎
罗慕路斯和雷穆斯哺乳。手柄上描绘的是
尼罗河之神和一个身份不明的女子。

罗马的悲剧面具

公元1—2世纪
赤陶·高: 21.6厘米
来自意大利，罗马
大英博物馆，英国，伦敦

　　这张女性面具有着深陷的眼窝，上方是极其弯曲的拱形眉毛，中分发型，头发向后梳并被编成了一排排辫子。罗马（和希腊）的剧院使用面具的原因多种多样。面具的尺寸都很大，可以覆盖演员的整个面部，这有助于放大演员的声音并允许他们扮演多个角色，包括女性角色，因为演员的真实面孔从不向观众展示。这些面具是专门为悲剧或喜剧角色设计的，并且带有夸张的特征，因此坐在剧院最后排的观众也能看清楚演员们的表演。

化妆瓶

公元2—3世纪
玻璃·高: 12.4厘米
来自腓尼基
波士顿美术馆, 美国, 波士顿

　　这个蓝色玻璃花瓶的侧面有凸起的图案, 还有小把手和底座。它是女性用来装香水、化妆品或其他洗漱用品的典型容器。化妆品和香水是古代各阶层女性的常用物品, 通常用于提亮肤色、凸显眼睛和嘴唇, 为容貌增色。图中的这类容器一般是用来存放女性的化妆品的, 从许多方面来看, 即便将它们放在今天女性的梳妆台上也不过时。当时的玻璃通常是淡绿色或蓝色的, 比如图中的这个瓶子。

斯塔福德高沼地盘子

公元2世纪中叶
铜合金和珐琅·高：4.7厘米，直径：9.4厘米
来自英国，斯塔福德（Staffordshire）
大英博物馆，英国，伦敦

　　这个名叫"特鲁拉"（trulla）的斯塔福德高沼地盘子，其实是只小圆碗，由雕刻着凯尔特风格的装饰带的铜合金制成，装饰带由八个圆和一对对穿插其间的三角形组成。每一个圆包含六个旋转的手臂状图案（很像佩斯利旋涡纹），中心是一个三瓣花形状的图案，上面镶嵌着绿松石、黄色的珐琅以及红色和蓝色的颜料。它的把手已经丢失，很可能是平的，并且还有类似的珐琅镶嵌物装饰。开口的边缘是用绿松石珐琅雕刻的拉丁语铭文。由于文字之间没有间隔和标点符号，所以我们很难破解它的内容，它似乎命名了哈德良城墙的四个要塞，其中可能还包括某个人的姓名。

美惠三女神

公元2世纪
大理石·高：1.2米，宽：1米
来自意大利，罗马
大都会艺术博物馆，美国，纽约

在希腊和罗马艺术中，美惠三女神分别是阿格莱亚（Aglaia，代表美）、欧佛洛绪涅（Ephrosyne，代表欢乐）和塔利亚（Thalia，代表丰裕），她们被描绘成三个年轻的女孩。她们相互挽着手臂，仿佛在跳舞。作为生育、成长和艺术之美的代表，她们在希腊和东方都有自己的崇拜者。她们是爱神阿佛洛狄忒（维纳斯）的侍女，在希腊神话中扮演着侍从的角色，编排舞蹈，为节日增添气氛。她们非常受欢迎，人们可以在镜子、壁画、雕像、花瓶和石棺上看到关于她们的形象。这尊雕像是最早以这种方式描绘美惠三女神的物品之一，被视为其他同类艺术作品的模型。

带有莲花花蕾图案的碗

公元2—3世纪
彩陶·高: 5.8厘米，直径: 10.6厘米
来自埃及
克利夫兰艺术博物馆，美国

　　虽然埃及的彩陶看起来很像带有蓝色釉面的釉陶，但实际上它们使用的是一种硅基石英材料，与玻璃类似，不过里面有更多孔，这种材料可浇注成形。图中的这只碗以其明亮的蓝绿色而变得与众不同。这只身上装饰了莲花花蕾图案的碗是用模具制作的，是托勒密和罗马时期制作彩陶的一种新技术。蓝色的莲花在埃及文化中象征着重生，这一图案经常出现在埃及的艺术作品中，并且很好地融入了彩陶的整个色调。图中的碗看上去高低不平，这表明由于混合物原材料变硬而导致模具不平整。

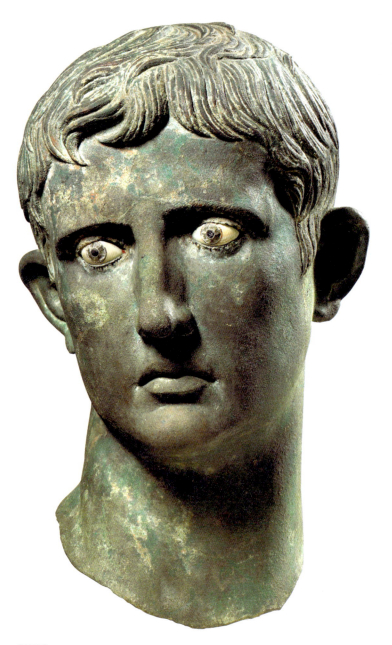

麦罗埃的奥古斯都头像

约公元前27—前25年
青铜·高: 46.2厘米，宽: 26.5
厘米，深: 29.4厘米
来自埃及
大英博物馆，英国，伦敦

屋大维（或称奥古斯都）非常排斥共和党的自然主义风格的肖像艺术，更倾向于希腊式风格，这尊头像便是其中的一个典型例子。不同于以往的政治家，在奥古斯都漫长的一生中，关于他的肖像都是其年轻时的形象。这尊青铜头像镶嵌着玻璃眼珠，是一尊全身雕像仅存的部件。它典型的希腊式特征包括向右微转的身体和向下的嘴唇。奥古斯都的所有肖像的共同特征是额头中央卷曲的头发。这尊雕像很可能是为了纪念奥古斯都在埃及的阿克提乌姆（Actium）击败安东尼和克利奥佩特拉（公元前31年）的胜利十周年——他吞并埃及并使其成为罗马的殖民地。

男性肖像（可能是征服非洲的普布利乌斯·科尔内利乌斯·西庇阿）

约公元前10年
青铜·高: 46.5厘米
来自意大利，赫库兰尼姆·帕皮里别墅（Villa of the Papyri）
那不勒斯国家考古博物馆，意大利

这尊青铜头像被认为是公元前202年在第二次布匿战争中打败汉尼拔的那位将军，它是帕皮里别墅中收藏的描绘罗马人样貌的藏品之一，其在公元79年维苏威火山爆发时被摧毁。这尊肖像有别于使用切割的斑纹来增加细节，如头发、眉毛和前额的线条等方面。镶嵌的玻璃眼睛、紧闭的嘴唇、冷酷的外表，这与人们想象中强大的军事将领的形象完全一致。（征服非洲的）普布利乌斯·科尔内利乌斯·西庇阿（Publius Cornelius Scipio Africanus）出身于一个在罗马统治了一个多世纪的旧贵族家庭，他因击败迦太基而获得"征服非洲者"（Africanus）的称号。

莉薇娅的半身像

约公元前31—前20年
碧玄岩·高: 32厘米
来自意大利，罗马
卢浮宫，法国，巴黎

乍一看，这尊相对朴素的小型半身像似乎很不起眼，但它却是在意识形态和图像学革命中创作的最早的作品之一，这场革命从奥古斯都开始，之后持续了几个世纪。由于皇帝是罗马男子气概的典范，所以他的妻子便成为罗马女人的理想典范。这尊肖像可能是在公元前31年的阿克提乌姆战役爆发后不久制作的，它在接下来的四十五年里成为罗马女性的标杆。莉薇娅被认为是罗马女性的典范：虔诚、贞洁、道德高尚，通过服侍她的丈夫和儿子来服务罗马。莉薇娅在奥古斯都和她的儿子提比略的统治时期，成为罗马所有女性都应学习的榜样。

简洁的发型，前额有一个发髻（鬟发），头发在脖子和后颈的位置绾成一个紧密的圆髻，其中一部分被面纱覆盖，这一造型成为整个奥古斯都时代罗马女性的肖像描绘特征。莉薇娅不仅在行为举止上被当成典范，在外貌打扮上也被当成典范。这一趋势持续了数年，历任皇帝的妻子都以此为范本，因此人们可以通过她们的肖像（尤其是发型）来确定罗马其他女性肖像的制作年代。

莉薇娅别墅（Villa of Livia）位于罗马城外，里面藏有大量艺术作品，比如描绘她丈夫的著名雕像《第一门的奥古斯都》（*Augustus of Prima Porta*），以及一幅参照花园实景而创作的美丽壁画（罗马国家博物馆，泰尔梅博物馆，罗马）。

近卫军浮雕

约公元51—52年
大理石 · 高: 1.6 米, 宽: 1.2 米
来自意大利, 罗马
卢浮宫, 法国, 巴黎

　　这块浮雕曾是克劳狄乌斯拱门（Arch of Claudius）的一部分，用于纪念克劳狄乌斯征服了英国，上面细致地雕刻了一些士兵浮雕。由于前景中的三名士兵手持椭圆形盾牌，身着礼服，同时还戴着头盔和佩带丰富的武器，所以可以确定他们的身份是执政官。他们供职于罗马的一个特殊军事机构，主要职责是保护皇帝的安全。在他们的身后，我们可以看到另外三名士兵，其中一名是旗手，他没有戴其他人戴的那种上面有装饰的头盔。旗帜上是天鹰座的图案，顶部有一只抓着闪电球的鹰。

提比略的剑

约公元15年
铁，青铜，镀金·剑长：57.5厘米，宽：7厘米；剑鞘长：58.5厘米，
宽：8.7厘米
来自德国，美因茨（Mainz）
大英博物馆，英国，伦敦

　　提比略是奥古斯都的养子，罗马帝国的第
二位皇帝。他在成年之后开启了自己的军队生
涯，并在公元前9—前7年成功率军发起了日耳
曼战役。剑刃本身很朴素，只具备基本的功能。
然而，剑鞘则由镀金的青铜制成，上面刻有许
多装饰元素和铭文。最上面的部分描绘了一个
半裸的奥古斯都，他的姿态仿若罗马神话中的
朱庇特，身旁站的是战神玛尔斯和胜利之神尼
姬（Nike）。奥古斯都旁边的盾牌上刻着祝福
提比略的文字，胜利女神手中的盾牌则是为了
纪念奥古斯都的胜利。

美杜莎青铜头像

公元37—41年
青铜·尺寸：未知
来自意大利，拉齐奥，内米湖
(Lake Nemi)
罗马国家博物馆，泰尔梅博物馆，
意大利，罗马

卡利古拉（Cligula）皇帝[原名盖乌斯（Gaius）]在他短暂的统治期内建造了两艘豪华大船，与其说它们是船，不如说它们更像两座漂浮的宫殿。这两艘船发现于内米湖的湖底，距离罗马约三十公里，每艘船约有六十四至七十一米长，并且装饰有大理石雕像和镶嵌画，船上甚至还有带浴缸的套房。这尊美杜莎青铜头像是一种装饰元素，用于装饰船梁的末端。其他的青铜器物也得以重见天日，但它们都伪装成了动物的造型。之后，这两艘船被收藏在内米博物馆（Nemi Museum），但在第二次世界大战结束时被撤退的士兵烧毁了。如今，这里只剩下重建的建筑。

维斯帕先的肖像

约公元70年
大理石·高: 40厘米
来自意大利，那不勒斯
新嘉士伯艺术博物馆，丹麦，哥本哈根

  维斯帕先在公元前69年上台掌权，即四帝之年（Year of Four Emperors）的年底，他在罗马因其丰富的军事经验以及为帝国带来的稳定政局而备受称赞。当时，维斯帕先的两个儿子已经成年，这意味着他可以建立一个新的王朝来取代朱里亚-克劳狄王朝——该王朝在最后一任皇帝尼禄自杀之前统治了罗马近一个世纪。他的肖像是写实的风格，真实地呈现了他的年龄，将其描绘成一位有智慧的长者，这是共和国后期的肖像风格的回归。当时，人们认为年龄和智慧是统治者的必备条件，与奥古斯都在公元前1世纪末倡导的风格形成了戏剧性的对比。在奥古斯都倡导的这种风格下，朱里亚-克劳狄王朝的皇帝被描绘成年轻的、理想化的样子，类似于希腊式的国王肖像。

拳击手玻璃杯

公元1世纪
彩色玻璃·高: 9厘米, 直径: 10厘米
来自英国, 哈德良长城, 文德兰达
文德兰达要塞博物馆 (Vindolanda Fort and Museum), 英国, 哈德良长城

　　这只玻璃杯在制作工艺和设计上类似于马戏团大口杯（见第161页），上面描绘的是拳击手和角斗士的形象。它并非日常生活中使用的物品，因此在帝国的边远要塞发现这样一件物品实在令人惊讶。毫无疑问，它过去一定是营地指挥官的奢侈品。不过，搏斗这一主题是典型的军事活动。拳击与格斗术的动作在共和国后期和整个帝国时期的军事训练中经常被使用，尤其是近身搏斗。这一点我们可以从与要塞及老兵安置点相关的竞技场和圆形剧场的数量中看出。

图拉真时期的金币

约公元102—117年
金 · 重：7.2克
来自意大利，罗马
大英博物馆，英国，伦敦

　　这枚金币是图拉真为纪念罗马帝国第一位皇帝
奥古斯都铸造的，虽然当时距离他去世已经近一
个世纪。金币的正面是奥古斯都的头像，头戴桂
冠，上面还刻着传说中的"圣王奥古斯都"
（Divus Augustus）的字样，这表明他
死后获得的神圣地位。金币的背面有
一只鹰，位于两面旗之间，这表明
图拉真是这枚金币的制作委托人。
这枚金币上的奥古斯都头像表明，
其继续作为所有后继者的榜样发挥
作用：他不仅是罗马帝国的第一位
皇帝，还是最伟大的皇帝之一。

安提诺乌斯的雕像

约公元130年
大理石·高：1.8米
来自希腊，德尔斐（Delphi）
德尔斐考古博物馆（Delphi Archaeological Museum），希腊

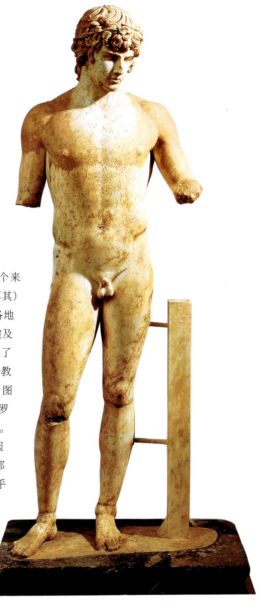

安提诺乌斯（Antinous）是一个来自比提尼亚（Bithynia，今属于土耳其）的年轻人，他是哈德良皇帝在帝国各地旅行期间最中意的同伴。在旅行至埃及时，安提诺乌斯因病丧生，哈德良为了悼念他，创立了一个基于他记忆的异教团体，并在帝国各地竖立他的雕像。图中这尊雕像被放置在德尔斐的阿波罗神庙里，哈德良是其中的捐赠者之一。众所周知，哈德良深爱希腊文化，因此他委托制作的安提诺乌斯的雕像都具有古典希腊的风格。这尊雕像几乎完好无损（仅前臂遗失了），人物赤身裸体地站着，浓密卷曲的头发上还可以看到用叶子编制的头饰。

马克·奥勒留的骑马雕像

约公元175年
青铜·高: 4.2米
来自意大利, 罗马
保守宫, 卡比托利欧博物馆, 意大利, 罗马

　　这是现存的唯一一尊制作于基督教创立前的
罗马皇帝的青铜雕像, 它得益于中世纪时的一次身
份误判（如君士坦丁）。它一直在罗马展出, 直到
20世纪80年代被转移到博物馆进行修复, 其间,
工作人员在展览原位置放了一件复制品作为替代。
马克·奥勒留（Marcus Aurelius）是著名的哲学
家、斯多葛主义（Stoicism）的拥护者, 同时还
是一位伟大的军事领袖, 他统治时期的大部分时间
都花在了军事战争上。这尊身穿军装的骑马雕像
体现了他作为将军和领袖的角色。他被认为是罗
马五位"好"皇帝中的一位, 而这五位"好"皇
帝的统治时期也被称为罗马帝国的"黄金时代"。

塞维鲁王朝的
圆形绘画

约公元209—211年
木板·直径: 30.5厘米
来自埃及
文物博物馆
(Antikensammlung), 柏
林国家博物馆 (Berlin State
Museum), 德国

这块圆形画板描绘了罗马皇帝塞普蒂米乌斯·塞维鲁
(Septimus Severus) 和他的妻子尤利娅·多姆娜 (Julia
Domna), 以及他们的两个儿子盖塔和卡拉卡拉。所有人衣
着华丽, 皇帝和他的儿子们都戴着镶有珠宝的金色王冠, 并
且手持权杖。它可能是一种大型的皇室肖像画。值得注意的
一点是, 盖塔的脸被移除了。自公元209年起, 盖塔与他的
父亲和哥哥一同执政。但在公元211年, 即他们的父亲去世
后, 卡拉卡拉谋杀了他的弟弟, 独霸皇位, 同时发布了一项
"除忆诅咒"(Damnatio memoriae, 字面上的意思是记忆
上的惩罚), 要求在整个帝国消除盖塔的功绩。

木工刨

公元2—3世纪
铁·尺寸：未知
来自德国
萨尔堡博物馆（Saalburg Museum），德国，巴特洪堡

　　这些铁质的木工刨残件是在萨尔堡附近的界墙（界墙指的是罗马与其各行省之间的边界，这里指的是它和日耳曼部落的领土界线）上发现的，它们很可能是过去驻守在那里的士兵所使用的。原件最初是有木头把手的，但未能保存下来。刨子和车床类似于今天使用的工具，应该是用来切割和修剪建筑木材的，使其表面变得光滑。堡垒、瞭望塔和一部分界墙都是用木头建造的，由于德国拥有丰富的木材资源，所以应该需要大量士兵具备切割和刨平木头使之成形的技能。

路德维希的高卢人

约公元2世纪，希腊原作（约公元前230—前220年）的复制品
大理石·高：2.1米
来自意大利，罗马，路德维希别墅（Villa Ludovisi）
罗马国家博物馆，泰尔梅博物馆，意大利，罗马

  原作是一尊希腊青铜雕塑，而图中这件复制品使用的原材料是大理石，在这里，原作的象征意义也被罗马人挪用了。最初的三部分雕塑群[包括卡比托利欧博物馆的《垂死的高卢人》（The Dying Gaul）和卢浮宫的《下跪的高卢人》（The Kneeling Gaul）]，都是在阿塔罗斯一世（Attalus I）战胜迦拉太人（Galatian，来自今天的土耳其）之后制作的。在下图的这尊雕塑中，这个即将自杀的男人杀死了自己的妻子，并将其揽在怀中。有人认为这代表了"仁慈的杀戮"，以防止他的妻子被敌人俘虏、杀害或侵犯。公元前1世纪，在恺撒大帝击败高卢人后，这一母题被罗马人用来指代高卢人。

模仿赫拉克勒斯的康茂德半身像

约公元192年
大理石·高：1.3米
来自意大利，罗马，拉米亚花园（Horti Lamiani）
卡比托利欧博物馆，意大利，罗马

　　康茂德（Commodus）是马克·奥勒留的儿子，由于电影《角斗士》（*Gladiator*）中他的形象在某种程度上带有虚构的成分，这为其赢得了美名。尽管这部电影里的许多历史性描述都是错误的，但康茂德以放纵和奢靡的生活而出名却是符合史实的。事实上，他摧毁了罗马的经济。此外，他还参加各种比赛，时常幻想自己是天神或大英雄，比如图中这尊肖像就是以赫拉克勒斯的特征描绘的。康茂德身披尼米亚猛狮的兽皮，手里拿着一根棍子和赫斯珀里得斯（Hesperides）的金苹果，以此强调希腊英雄赫拉克勒斯的壮举。康茂德半身像被发现于罗马郊外的一处皇家地下室里，这表明它在康茂德遇刺后被藏了起来。

铅制面包印章

公元2世纪
铅·尺寸：未知
来自卡利恩（Caerleon），英国，
威尔士
国家古罗马军团博物馆
（National Roman Legion
Museum），英国，威尔士

　　面包是军队中必不可少的一种主食，就像在平民生活中一样，所以士兵们经常要烘烤面包。在军队中，士兵们在很大程度上要负责自己的食物供应。因此，"百人队"（约有八十人）为整个军队烘焙面包是很普遍的现象，他们会用印章来标记专门为特定部队供应的面包。图中这块面包上面印的是"昆丁尼尔斯·阿奎拉的百人队"（Century of Quintinius Aquila），这支"百人队"隶属于在威尔士卡利恩服役的第二奥古斯都军团（Second Augustan Legion）。

军事证书

公元70年3月7日
青铜·高: 16.2厘米, 宽: 12.2厘米
来自雷西纳（Resina）, 意大利, 赫库兰尼姆
那不勒斯国家考古博物馆, 意大利

　　一名士兵在罗马军队服役二十年或二十年以上, 离开时会颁发一张军事证书, 证书除了陈述他作为一名退伍军人的良好声誉之外, 还给予了他公民权和结婚的权利。虽然许多士兵都有非正式的妻子, 但他们却没有结婚的权利。这张证书由两块铜板构成, 铰链将它们连在了一起, 铜板的正反面都刻有文字。一面是陈述说明, 另一面是士兵退伍时的见证人的名字。图中的退伍时间是维斯帕先统治的第二年的3月7日, 即公元70年3月7日, 它被颁发给了一名达尔马提亚（Dalmatian）士兵。

长形盾牌

公元3世纪中期
上了色的木材和兽皮·高：1米，宽：0.4米
来自叙利亚，萨义叶（Salhiyé）附近，杜拉欧罗普斯（Dura-Europos）
耶鲁大学美术馆（Yale University Art Gallery），美国，纽黑文

　　长形盾牌（scutum，在拉丁语中是"盾牌"的意思）现在被认为是罗马军团使用的半圆柱形的弯曲盾牌。它是同类型盾牌中仅存的一件，这类盾牌通常由三块粘在一起的木板制成，上面用皮革或帆布覆盖。盾牌很轻，用一只手就可以拿起，它能遮挡士兵从中部躯干到小腿的那部分身体。公元1—4世纪，杜拉欧罗普斯（位于今叙利亚境内）有一座大型的军事要塞，后来该要塞被遗弃。此外，该要塞也是一处重要的考古遗址，盾牌正是与这座城市的军队生活有关的众多发现之一。

里布切斯特头盔

约公元1世纪后期—2世纪初
青铜·高: 27.6厘米，重: 1.3
千克
来自英国，兰开夏郡，里布切斯
特（Ribchester）
大英博物馆，英国，伦敦

一名骑兵在比赛中使用了这顶头盔，比赛是为了展示骑兵的能力和训练成果，因此头盔并非用于战斗。这些比赛通常会让军队里的精英成员模拟战争场景，一般是希腊神话中希腊人和亚马孙女战士之间的战斗。比赛时，骑兵会穿上精心装饰的盔甲，比如图中的这顶头盔，上面描绘了骑兵和步兵之间的战斗。头盔被一根皮带固定在了一起，顶端可能还有装饰和飘带。一个名字以打孔的形式刻在下巴的位置："卡拉维"（Caravi）。

莫迪乌斯

公元90—91年
青铜·高: 28.57厘米，底座直径: 30.5厘米
来自英国，哈德良长城，卡沃良（Carvoran）
切斯特斯罗马要塞（chesters roman fort），
英国，哈德良长城

莫迪乌斯（modius）是一种用来称量干燥货品（通常是谷物或面粉）重量的工具，一个标准的莫迪乌斯的容量为16塞科斯塔瑞（sextarii，不到9升）。根据碑文记载，这个莫迪乌斯有17.5塞科斯塔瑞，但研究人员发现它的实际容量是20.8塞科斯塔瑞，这表明有人被骗了：用它来称量谷物以支付税款时尤其如此。这一工具是在图密善皇帝的统治期内制造的，但在他的统治结束后，仍被沿用了很长一段时间。这一点可以从铭文第一行去除的名字得出：下一任皇帝在图密善死后发布的"除忆诅咒"的证据（见第192页）。

达契亚飞龙旗

公元2世纪初
青铜·高: 30厘米，宽: 12厘米，深: 12厘米
来自德国，尼德比伯（Niederbieber）
国家博物馆，德国，科布伦茨（Koblenz）

达契亚（Dacian）飞龙旗是达契亚人最初使用的一种装置，达契亚人在公元2世纪初的两次战争中曾与罗马军队交锋。它有一个像狼爪一样张开的中空龙头，嘴里有几个金属舌头，还有一块用杆子支撑着的编织物。当把它举起来并充满空气时，看起来就像真的在移动一样，同时发出一种呼啸的声音。达契亚人用达契亚飞龙旗和野猪头造型的喇叭作战，这无疑从视觉和听觉上震慑了敌方。

达契亚战争之后，罗马人开始用龙旗作为自己的旗帜。它是用重叠的浮雕金属板制成的，用铆钉连接在一起，并在头部和脖子的位置覆盖了重叠的鳞片。基座上的两个孔可能是用于将头部固定在杆上的，以便进行安装和携带。

尼德比伯的一座要塞约在公元185年驻扎着一支大型卫戍部队（近卫军），用于保护德国的防线，并且还可能至少驻扎了一支骑兵队。

日耳曼长城（Germanicus Limes）标志着数百千米的古罗马边界，但与哈德良长城不同的是，它通常是由草皮墙或低矮的石墙组成的。这个边界通过瞭望塔和堡垒进行管理，但几乎没有遗迹被保存下来。这两种建筑结构已在德国重建。萨尔堡这里的界墙是重建的罗马堡垒当中最完整的。

图拉真柱上萨尔马提亚人的交税场景

公元106—113年
石膏浇筑·高: 1.2米, 宽: 0.6米
来自意大利, 罗马
罗马文明博物馆（Museum of Roman Civilization）, 意大利, 罗马

　　萨尔马提亚人（Sarmatians）是一群来自小亚细亚地区（与现代的伊朗相关）的人。他们是达契亚人的邻居, 并于公元2世纪结成盟友, 一同对抗罗马。正因如此, 他们会出现在图拉真柱上的多个场景中, 这些场景记载了公元101—102年、公元105—106年的两次达契亚战争。这根螺旋上升的柱子约三十米高, 上面描绘了战斗、行军、营地生活以及军事活动的其他方面, 其中包括敌人投降和镇压敌人的场景。图中的这一场景描绘的是萨尔马提亚人以农产品的形式向罗马缴纳赋税。柱子上各部分图案的铸模制作于1861年, 以便人们可以近距离观看。

里贾纳的葬礼铭文

公元2世纪
砂岩·高: 1.1米，宽: 0.7米
来自英国，南希尔兹（South Shields），阿尔贝亚（Arbeia）
阿尔贝亚罗马要塞博物馆（Arbeia Roman Fort and Museum），
英国，南希尔兹

　　乍一看，这似乎是一件相当标准的葬礼标志物，但碑文表明它是古罗马多元文化的一个证据。这块石碑是巴尔米拉（Palmyra，位于今叙利亚）的一个名叫巴拉特斯（Barates）的人为纪念他的妻子（曾是他的奴隶）而立，他的妻子里贾纳（Regina）来自不列颠南部的卡图维拉尼（Catuvellauni）部落。巴拉特斯在南希尔兹的一座罗马要塞立下这块石碑之后，可能随军队去了不列颠。尽管里贾纳是不列颠人，但她还是被描绘成了罗马女性的形象，身穿罗马自由女性的衣服，而她脚下的物品则表明她是一家之主。

伊西斯的雕像

公元117—138年
大理石·高: 1.8 米
来自意大利, 蒂沃利
卡比托利欧博物馆, 意大利, 罗马

　　这尊埃及女神伊西斯（Isis）的雕像是在罗马城外蒂沃利附近的哈德良别墅中发现的, 它是哈德良别墅中众多具有埃及风格的艺术品之一。尽管伊西斯来自东方, 但她在希腊和罗马却颇受欢迎。自公元前1世纪起, 为她修建的神庙和制作的雕像随处可见。她身穿希顿古装和一件以伊西斯风格打结的披风, 手里拿着酒壶（oinochoe）和叉铃（乐器）, 头上戴着装饰有神蛇（神圣的蛇）图案的面纱。人们对她的崇拜与母爱、自然和魔法有关, 她在奴隶和自由公民中都很受欢迎。

诺依玛根酒船墓碑

约公元220年
大理石·尺寸：未知
来自德国，诺沃玛格斯·特里维鲁姆[Noviomagus Trevirorum,
诺依玛根（Neumagen）]
莱茵兰考古博物馆（Rhineland Archaeological Museum），德国，特里尔

    这块装饰墓碑的造型参考的是一艘罗马军舰，船上配备有一只公羊、十一副船桨和一个船舵。船艄周围荡起的波浪表明，船在航行中。这艘船共由七个人操作，他们的身旁放置了一排酒桶。有趣的是，这艘船不是在海边被发现的，而是被发现于河边的一个小镇上。当地的历史学家认为，这意味着此处是德国最古老的葡萄酒生产地。在墓碑上描绘所有者的职业并不罕见，其表明这批酒桶的运送委托人是一位葡萄酒商人。

太阳神密特拉的大理石雕像

公元2世纪
大理石·高：1.3米，长：1.4米
来自意大利，罗马
大英博物馆，英国，伦敦

　　这尊雕像描绘了密特拉（Mithras）屠杀公牛的场景，它是表现这位神的三个标志性图像之一，其他两个图像涉及他从岩石中诞生，以及他和索尔（Sol）的一次宴会。从他的装扮上——裤子和弗里吉亚无边帽——可以立刻辨别出他是东方人。罗马人认为他来自波斯，但确切来历尚不清楚。

　　对密特拉的崇拜是一种神秘的宗教活动，似乎涉及许多入会仪式，但它们的真实属性尚不清楚。密特拉是由士兵引入罗马的，其从公元2世纪起就与罗马军队有着紧密联系。供奉这位神的圣殿都在地下，圣殿中央会放置一尊密特拉屠牛像，如图中的这尊。帝国各地的相关铭文多是献给密特拉的，或是用潦草字迹书写的成员名单，但没有进一步的线索可以说明追随密特拉要具备什么条件。现存的铭文表明，只有男性被允许加入这个团体，这可能是它在军队中流行的原因之一。

对密特拉的祭拜仪式在一个叫"密特拉寺"（Mithraeum）的圣殿中举行。这些圣殿可能是天然洞穴，也可能是专门建造的，比如图中的这座[位于意大利的卡普阿（Capua），公元2—3世纪]。

以"欧洲人"著称的女性肖像

公元2世纪
上了色的木头·高: 42厘米, 宽: 24厘米
来自埃及
卢浮宫, 法国, 巴黎

　　这是一幅典型的木乃伊肖像画, 从技法上来看, 制作者是将金箔涂在了进口雪松木上。然而, 画中人凝视的眼神让这件作品变得独特: 她的眼睛看向右侧, 而非目视前方。她身上的衣服和珠宝首饰展现了她的富有: 紫色长袍和黄色斗篷被圆形的胸针固定住了, 胸针上镶了一颗绿宝石。此外, 她还戴着珍珠耳环和金色的发夹, 珍珠之间嵌有深色的宝石。这是蜡画的一个示例, 即将颜料和蜂蜡结合在一起使用。绘画完成后, 将金箔涂在画中人的项链和耳环上。这幅木乃伊肖像画被绘在一块质地柔软且有韧性的木板上, 其尺寸和形状很适合做棺材。

献祭的左脚

公元2—3世纪
青铜·尺寸：未知
来自英国，伦敦
科学博物馆（Science Museum），英国，伦敦

在整个帝国时期，人们会向疗愈神献祭身体的某一部位。这些祭品通常用赤陶制成，但图中这只脚是青铜材质的，表明献祭者很富有。这件特别的祭品的有趣之处在于，脚上似乎穿着凉鞋，类似于现代的人字拖。另外，鞋底有一个洞，这表明它可能是挂在神庙墙上的。同时，这也意味着它是一种还愿祭品的永久性展示，因为关于其他方面用途的证据甚少。

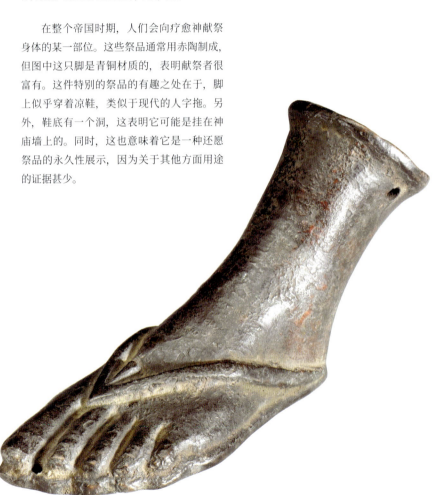

卢多西亚·埃米娅的墓碑

公元3世纪后期
大理石·高: 30厘米, 宽: 33厘米
来自梵蒂冈城, 梵蒂冈墓园 (Vatican Necropolis)
罗马国家博物馆, 戴克里先浴场 (Baths of Diocletian), 意大利, 罗马

这是一位名叫卢多西亚·埃米娅 (Licinia Amias) 的女性的墓碑碎片, 上面残缺不全的铭文说明了公元3世纪后期罗马发生的重大变化。铭文中使用了多种语言, 包括希腊语和拉丁语, 同时还描绘了罗马异教和基督教的一些元素。这段铭文以字母D和M开头, 表明献给罗马的阴间之神。接下来是鱼的图案以及希腊语中的"活鱼"字样, 这代表了基督。最后一部分是用拉丁语书写的墓主人的名字和年龄 (石碑的底部已经遗失)。这说明了一种宗教制度向另一种宗教制度的转变, 在一个两种宗教共存的时代, 每种宗教的特征都得到了体现。

儿童的石棺

公元3世纪
大理石·高: 0.4米, 宽: 1.1米, 深: 0.4米
来自意大利, 奥斯蒂亚 (Ostia)
大英博物馆, 英国, 伦敦

　　这是为某个孩子制作的石棺, 上面装饰着一群穿长袍的男孩在玩坚果游戏的场景。石棺以展示多个玩耍的孩子的方式雕刻, 这一图像与石棺的功能毫不相符。碑文中也重申了这一点, 碑文显示石棺里存放的是卢基乌斯·埃米利乌斯·达芙努斯 (Lucius Aemilius Daphnus) 的遗体, 他仅活了四年零六天。石棺是他的母亲利维亚·达芙妮 (Livia Daphne) 委托工匠制作的。

　　在帝国时期的艺术创作中, 儿童并不是特殊的元素, 但他们通常会被描绘成小大人的样子, 从而呈现他们长大后的潜能或王朝野心的抱负, 对帝王家的孩子来说, 尤其如此。当时的孩子很少会表现出孩子气的行为。此外, 当时的法律规定不得对年幼的孩子过分哀悼或者花费过多举办葬礼。尽管如此, 这口石棺及其他类似的石棺都表明, 父母还是会为死去的孩子感到悲痛并予以纪念。相较于保有一种人们所认为的正确的罗马行为观念, 失去孩子的痛苦更值得被关注。碑文中也说明了这一点: 通常那些较小孩子的年龄会被仔细地记录下来。

位于意大利的菲乌米奇诺 (Fiumicino) 的伊索拉萨克拉 (Isola Sacra) 墓园, 曾于公元1—6世纪投入使用。墓园中的大多数都是有丰富装饰的地上房屋形坟墓, 而且许多墓中放置了某一家族的多口石棺。

帝国后期
公元285—476年

基督教的崛起和罗马的陷落

公元306年，君士坦丁的父亲去世时，君士坦丁身在英格兰的埃博拉库姆[Eboracum，约克（York）]，当时他被驻军推举为皇帝。这尊现代雕像被认为来自该地点附近，即今天的约克大教堂（York Minster）旁边。

公元235年，塞维鲁王朝的终结导致罗马陷入前所未有的混乱时期：政治、社会和经济的剧变，以及标志着公元3世纪结束的内外战争。在公元3世纪的后六十年里，罗马共有二十八位皇帝，其中有两位被谋杀。这一时期统治模式的典型特征是，某位将军在自己率领的军队中宣布称帝，然后在帝国的某一地区短暂统治一段时间，最后被杀死。这一形式对罗马的各个方面都产生了令人不安的影响，其中包括艺术。由于许多皇帝在位的时间都不长，所以没有任何一项艺术计划演变成官方的项目，而这些艺术计划的最终成果仅展现在几枚硬币或几尊半身雕像上。

公元3世纪末，在戴克里先皇帝（公元284—305年在位）的统治期内，罗马的政治发生了重大变化。他将各省的军事权力和民事权力分开，使得广阔领土的管理变得更加容易，同时确保了没人能获得足够的权力宣布自立，这一举措结束了长久的政治动荡。他还创立了"四帝共治制"（Four Tetrarchs），即由四位皇帝共同统治。他选了马克西米安（Maximian）作为自己的共同统治者，然后每人再选一位副皇帝，从而建立了一种既定的继承制度。这种新的统治体系将皇帝形象的焦点从一个人转移到了一个群体。"四帝共治

这尊表现"四帝共治制"的斑岩雕像是在公元300年左右完成的，雕像中的四个人物共同统治着公元293—313年的罗马帝国。该雕像从最初的位置移走后，被放置在建于中世纪的威尼斯的圣马可（San Marco）大教堂的角落里。

制"的稳定促使公共艺术再次繁荣起来，在罗马和其他地方出现了许多用以表达尊敬的拱门和历史浮雕。这一时期，统治者还修建了戴克里先浴场，其标志着一个多世纪以来罗马建成的第一座新帝国浴场。据说，这座浴场一次可以服务三千名沐浴者，是这座城市有史以来最大的浴场。今天，我们仍然可以通过天使与殉教者圣母大殿（Santa Maria degli Angeli e dei Martiri）看到这个规模庞大的建筑群，天使与殉教者圣母大殿则是米开朗琪罗在16世纪设计的一座教堂，位于浴场遗迹的冷水浴场区域内。

公元4世纪初，两位副皇帝掌权，成为皇帝（称为"奥古斯都"），他们任命自己的儿子为新任副皇帝，此时的"四帝共治制"实际上已经崩溃。世袭继承制的再次引入导致了马克森提乌斯（Maxentius）和君士坦丁之间的内战。第一位基督教皇帝君士坦丁的最终胜利永远地改变了罗马。他不仅重新建立了独裁统治，领导人民彻底改造帝国的道路，还在东部建立了新首都，并用自己的名字重新命名了希腊城市拜占庭，使得君士坦丁堡（Constantinople）在公元330年成为帝国的新中心。

除了在君士坦丁堡开展建筑工程之外，他还在特里尔（位于今德国境内）建了另一个行政中心，并接管了马克森提乌斯在罗马遗留的工程，包括君士坦丁大教堂（Basilica of Constantine）。君士坦丁堡的建筑和艺术品规模宏大，尽管它们并非都是原创的。例如，君士坦丁凯旋门（Arch of Constantine）至今仍然屹立在罗马竞技场的一侧，它主要由再利用的建筑材料建成。这些材料来自一些年代更久远的纪念碑，它们被重新分配并用于修建新的建筑。

基督教在整个公元4世纪的传播促使了新图像的出现，并在这一时期的同一件物品上以异教符号和基督教符号的并置为标志。带有这

公元3世纪，由于蛮族部落的威胁日益加剧，所以奥雷利亚皇帝为罗马城修建了新的防御城墙。在这之前，防御城墙已经停用了三个世纪，这说明城墙的功能在帝国后期发生了变化。

两种宗教符号的艺术创作一直持续到公元5世纪左右，而当时狄奥多西（Theodosius）皇帝已经颁布法令将异教定性为非法宗教（公元391年）。

从某种程度上来看，尽管西罗马帝国在最后一百五十年里政治上是稳定的，但却受到越来越多的外部威胁。各行省的领土开始缩减，野蛮部落的威胁剧增，维持帝国的边界也变得越发困难。在此期间，大量的私人艺术品被掩埋，以确保其安全，包括精美的金饰和银饰物品。这些宝藏都是在帝国的那些遭受过威胁或被罗马军队遗弃的边境省份发现的，其中包括硬币、个人物品及家庭用品。

公元5世纪中期，威胁罗马的各蛮族部落取得了最终胜利，并两次洗劫了罗马城。在经历了第二次洗劫之后的公元476年，罗马城和帝国西部被遗弃，帝国东部的权力和领土得以巩固，并开始向未来的拜占庭帝国（Byzantine Empire）转变。

罗马诅咒板

公元2—4世纪
铅·尺寸：多种
来自英国，巴斯
古罗马浴池博物馆（Roman Baths Museum），英国，巴斯

考古人员在巴斯浴场的遗址中发掘了约一百三十块诅咒板。这些诅咒板使人联想到女神苏利斯·密涅瓦（Sulis Minerva），一个融合了凯尔特的女神苏利斯和罗马的女神密涅瓦的属性的神灵，她被认为是一位能帮助许愿者复仇的女神。

在整个罗马帝国，使用诅咒板是一种常见的做法。当一个人发现身边有犯罪行为发生时，比如盗窃他人物品，或者是有人故意怠慢或侮辱他人，就有可能会祷告众神对违法者做出惩罚。例如，在巴斯发现的一块诅咒板，上面的内容是祈求那个偷了两副手套的小偷失去他的理智和视力。诅咒通常写在一块小的方形铅板上，内容是祈求神灵针对某人进行特定的复仇。写完后，将诅咒板折起来，并用钉子钉起来，这样其他人就看不到上面的内容了，最后再将诅咒板扔进圣泉。这些请求通常是用某种代码书写的，或者是以从右向左颠倒字母顺序的方式书写。在巴斯发现的那些诅咒板上使用的文字是英式拉丁语（British-Latin），这是一种仅在该地区使用的拉丁口语。此外，有两块诅咒板上的文字属于另一种语言，可能是凯尔特语，不过目前学者们对这一解释尚未达成共识。

凯尔特人在被罗马人征服之前，一直在使用这处温泉（罗马人称其为"苏利斯之水"）。后来维多利亚人重建了罗马浴场，如今它仍被用于水疗。在对浴场周围的多次发掘中，考古人员发现了大量青铜器和铅制品，包括烟斗、祭品和诅咒板。

左脚儿童袜

公元3—4世纪
羊毛·高: 5.5厘米, 长: 12.5厘米
来自埃及, 安蒂诺波利斯 (Antinoupolis)
大英博物馆, 英国, 伦敦

这只小巧的左脚针织袜是为一个孩子编织的, 它是在安蒂诺波利斯的一座古墓中发现的一双袜子中的一只。这只袜子有多种颜色, 由绿色羊毛线编织的脚趾是分开的, 这表明它可能是用来搭配人字形凉鞋的。埃及这一时期的针织袜是一种已知的被称为"套编"(naalebinding) 的编织法的最早示例: 用一根针将整条线穿过每个线圈。这种编织物的制作方法早于针织和钩编。

展现面包制作过程的浮雕

约公元3世纪后期—4世纪初
石头·尺寸：未知
来自德国，奥古斯塔·特里沃鲁姆
莱茵兰考古博物馆，德国，特里尔

奥古斯塔·特里沃鲁姆（Augusta Treverorum，今德国的特里尔）自公元306年君士坦丁统治帝国之后，就变成了皇帝的故乡。这里已成为罗马人的定居之所，其中的一部分城墙甚至可以追溯到日耳曼人马克·奥勒留（Marcus Aurelius，公元161—180年在位）领导的军事行动，君士坦丁在这座城市开展了许多建筑项目。除了翻新尼格拉城门（Porta Nigra）之外，他还为这座城市增添了洗浴建筑群和大教堂。君士坦丁在这里开展的一系列建筑工程，对他后来在君士坦丁堡开展的事务产生了影响。

君士坦丁在德国生活期间，有很多用当地石材制作的浅浮雕（bas-relief）被保存下来，其中一些浅浮雕反映了当时人们的日常生活以及罗马统治时期的各个方面。图中这件浮雕描绘了一个在面包店工作的男子，这与其他古罗马时期面包店的描绘图像毫无二致，例如，罗马的伊律赛瑟斯之墓（Tomb of Eurysaces，约公元前50—前20年）或者庞贝的面包师之家（House of Baker）的壁画（约公元1世纪）。由此可见，面包是罗马日常饮食中的主食之一。

由于罗马城的粮食供应一直是人们最关心的问题，所以政府在意大利的港口城市奥斯蒂亚建造了大型粮库。伊帕加修斯和埃帕弗洛迪图斯粮库（Horrea of Epagathus and Epaphroditus）建于公元2世纪，并在此后的多个世纪中被使用。

带有凯乐符号的壁画

公元4世纪
灰泥·直径：90厘米
来自英国，肯特，拉灵斯通罗马别墅（Lullingstone Roman Villa）
大英博物馆，英国，伦敦

　　这幅壁画是在罗马统治不列颠期间建造的一栋别墅中发现的，该栋别墅始建于公元1世纪，此后连续三百多年被占用（通过翻新和改建）。公元4世纪中期，这栋房子的居住者从异教徒变成了基督教徒，他们在此期间建了一个小房间用以做礼拜。在人们广泛地修建教堂前的这一时期，那是一种极常见的做法。房间里装饰有一系列描绘基督教主题的壁画，其中包括凯乐符号（Chi-Rho），它是一个代表耶稣基督的字母组合图案。

烤架

公元4世纪
铁·长: 28.9厘米
来自英国，萨福克，伊克灵厄姆（Icklingham）
大英博物馆，英国，伦敦

　　这个带装饰的烤架由铁条焊接而成，它要比庞贝、赫库兰尼姆以及不列颠其他别墅的厨房里的标准烤架更精致。一般的烤架通常由笔直的铁条构成，然后再将铁条与带环形把手的支腿焊接在一起，但是这个烤架由两根弯曲成欧米伽形状的铁条制成。欧米伽是早期基督教符号中的一部分，代表着基督是开始也是结束的观念，这是因为阿尔法和欧米伽是希腊字母表中的第一个字母和最后一个字母。

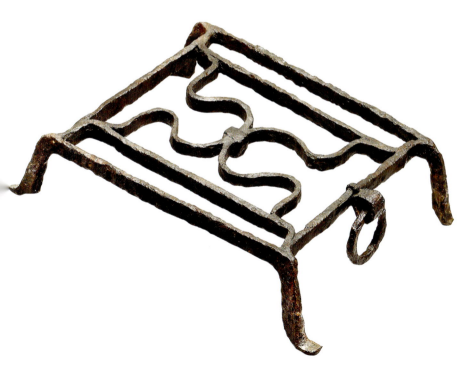

带有格里芬形象的镶嵌画

约公元400—600年
大理石·高：1.3米，宽：1.4米
来自叙利亚
J. 保罗·盖蒂博物馆，美国，洛杉矶

这只神话生物拥有狮子的身体、鹰的头和翅膀，它被称为"格里芬"（girffin），除了守护宝藏或无价之宝外，它还为许多神灵拉战车，其中有复仇女神涅墨西斯（Nemesis），她与针对恶行的复仇和反对无端的好运相关。在帝国时期，她和格里芬成为皇帝作为法律和秩序的维护者的一个象征。这一传统始于图密善（公元81—96年在位）的统治时期，一直延续到帝国后期。皇帝的形象通常以带辐条轮（spoke，代表了涅墨西斯的战车）的格里芬的样子出现，正如在图中看到的那样，这幅镶嵌画过去可能是别墅里地板的组成部分。

霍克森胡椒瓶

公元350—400年
金和银 · 高: 10.3厘米, 宽: 5.8厘米
来自英国, 萨福克, 霍克森 (Hoxne)
大英博物馆, 英国, 伦敦

　　这是一个拟人化的胡椒瓶, 造型像一位女性, 而且头部有一个公元4世纪时流行的精致发型, 它由两部分构件焊接而成。人物的头发、衣服和首饰都镀了金, 这样既增加了服饰的细节, 又添加了整体美感。这个胡椒瓶是空心的, 底部锯齿状的边缘以及开口下方都有能转动的机械装置, 因此可以将胡椒粉或其他香料完全磨碎后再撒入食物。根据这个香料研磨机的设计和装饰可知, 它很可能是餐桌上使用的器皿, 而非厨房用具。

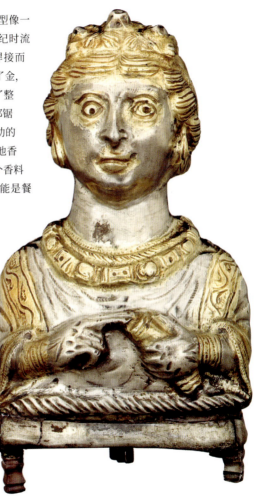

带有狄俄尼索斯形象装饰的长袍

约公元5世纪
亚麻和羊毛·长: 1.8米, 宽:
1.4米
来自埃及, 普诺普勒斯
(Panopolis)
大都会艺术博物馆, 美国, 纽约

这件长袍是整个罗马帝国时期人们穿的一种外衣, 在帝国后期, 它的风格有所改变, 人们开始用彩色的线编织出更加丰富多彩的图案。尽管这件长袍来自公元5世纪, 但上面却描绘有酒神狄俄尼索斯。重复的吊坠图案展现了与神祇相关的黑豹、公牛和人物等形象, 如半人半兽萨提和西勒诺斯。狄俄尼索斯的形象也出现在肩部的方形衣襟上。古罗马时代保存下来的纺织物很少, 而那些保存至今的纺织物通常是在埃及干旱的沙漠中发现的。

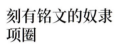

刻有铭文的奴隶项圈

公元4世纪
铁和铜·项圈长: 12厘米; 薄片长: 7厘米, 宽: 5
厘米
来自意大利, 罗马
罗马国家博物馆, 戴克里先浴场, 意大利, 罗马

　　尽管奴隶制是古罗马生活的重要组成
部分, 但给奴隶做标记或戴项圈并不常
见。现存的奴隶项圈仅有四十五件, 它们
均来自后君士坦丁时代, 其中有一些 (尽
管不是全部) 上面雕刻有基督教的图像。
这些项圈被视为对逃跑奴隶的惩罚。在古罗
马早期, 奴隶主会在逃跑奴隶的脸上刺青, 但这
种做法是基督徒所憎恶的。图中这个项圈可能是最知
名的, 因为它的上面刻有铭文: "我逃跑了, 抓住我。
如果你把这块铜板 (穿在项圈上的金属板) 带到我的
主人佐涅斯 (Zoninus) 那儿, 你将会得到一枚苏勒
德斯 (Solidus)。"苏勒德斯是罗马帝国后期的金币,
这一报酬则表明该奴隶是有价值的。

带有女皇半身像的秤杆

约公元400—450年
铜合金，铅和青铜·高：24.2厘米，宽：11.5厘米，深：7.1厘米
出处未知
大都会艺术博物馆，美国，纽约

这是一杆用于称量和移动货物的秤，它由一根一端装有秤砣的秤杆构成，称重时可以移动秤砣以平衡另一端的负载物。这一装置最初是希腊人发明的，至今仍在使用。在古罗马后期，用来平衡重物的秤砣通常采用女皇的形象造型。这个重约2.3千克的砝码是由一种里面填充了铅的铜合金制成的，并且有一个用于连接秤杆的铜钩。根据人像的发型和衣服的样式，人们推测她是狄奥多西王朝（公元379—457年）皇族中的一员。

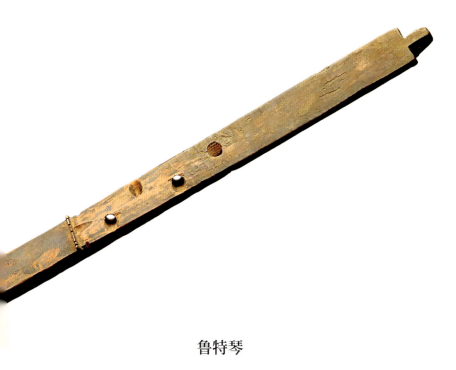

鲁特琴

约公元200—500年
木头·长: 73.2厘米, 宽: 12厘米, 深: 3.7厘米
来自埃及
大都会艺术博物馆, 美国, 纽约

　　这把鲁特琴是用木头制作的, 表面还留有颜料, 它是古罗马时代幸存下来的四件同类乐器中的一件。这把琴的琴颈细长, 音箱由对称的缺口 (腰部) 形成, 它被认为是现代吉他的雏形。琴颈的下半部分用作指板, 人们很可能是用拨片来拨弦的。琴颈正面上半部分的孔曾被用来固定四根琴弦的弦钉, 琴桥 (已经遗失) 将琴弦支撑在共鸣板上。音板稍圆的背部由薄木制成, 上面还有五个装饰性小音孔。

带有金纳迪奥斯肖像的奖章

约公元250—300年
玻璃和金·直径:4.1厘米, 深:0.6厘米
来自埃及, 亚历山大
大都会艺术博物馆, 美国, 纽约

奖章上的年轻人形象由金箔绘成, 这枚奖章被装裱在一块深蓝色的玻璃盘上, 并以夹心的方式将第二块透明玻璃圆盘覆盖在上面。圆盘的斜边表明该奖章原本是被当作吊坠组装和佩戴的。奖章上的青年有着浓密的鬈发, 裸露一部分胸部, 一侧的肩膀上还搭着衣服, 下面用希腊语写着"在音乐领域有着杰出成就的金纳迪奥斯 (Gennadios)"。由此可知, 这枚奖章可能是为了庆祝这位年轻人在音乐比赛中取得的胜利而制作的。

大型餐具的手柄

公元3世纪
金和银·长: 36.5厘米
出处未知
大都会艺术博物馆, 美国, 纽约

　　这个装饰精美的银制手柄是一件大型餐具留存至今的唯一构件。表面上镀金强化了整体的装饰, 上面还描绘了一幅狩猎场景: 以树为中心, 两名骑着马且手持长矛的男子正在追赶一只黑豹和一只牡鹿。手柄边缘雕刻的狮头、山羊头及鹰头图案同样具有装饰作用, 利用动物的形状为其创造出更具风格的设计。狩猎场景作为装饰图案在这一时期非常受欢迎, 它是罗马异教和早期基督教艺术为数不多的共同特征之一。

手链

公元3世纪后期
金和宝石·长：16.5厘米
来自突尼斯，突尼斯市
大英博物馆，英国，伦敦

　　这条来自罗马行省阿非利加（Africa）
的，且颇有分量的金手链上的装饰极为丰富，
上面镶嵌有珍珠、绿宝石和蓝宝石。手链的
中心圆形区域内的方形嵌框、椭圆形嵌框和
圆形嵌框之间点缀着小卷轴。所有的嵌框中
都镶着宝石，但现在许多嵌框（包括中央位
置的最大的椭圆形嵌框）是空的，这表明里
面的宝石已经丢失。两边的金属链是镂空的
常春藤叶形状，上面镶有小颗的珍珠，不过
其中有些也遗失了。金属链过去是弯曲的，
现在已经变平了。这一风格与当时意大利和
罗马其他行省的珠宝风格相似，这表明它在
多个地区广为流传。

弩形扣针

约公元286—309年
金·长: 5.4厘米
出处未知
大都会艺术博物馆, 美国, 纽约

　　这枚金制弩形扣针代表了一种样式, 其在公元3世纪成为军人徽章的一部分。弩形扣针, 更像是一种被命名为弓形的武器。这枚特殊的扣针上刻有铭文书写的确切日期, 同时上面还用拉丁语写着"愿您永远胜利, 大力神奥古斯都"的字样, 这里可能指的是"四帝"之一的马克西米安, 他喜欢把自己塑造成一位希腊半神。因此, 这枚扣针很可能是在皇家工坊里制作的, 并作为礼物送给了皇室的一位军事指挥官。

装饰有五十二个吊坠的金链

约公元380—425年
金 · 长：1.8米
来自罗马尼亚
艺术史博物馆（Kunsthistorisches Museum），奥地利，维也纳

　　这条长长的斜挎金链很可能是在葬礼上用来装饰女性遗体的。先将链条的两个松散的末端组成一个环，使其在遗体的胸部和背部交叉。这条金链由小小的金制圆圈构成，上面装饰有五十二个藤叶形吊坠和各种工具造型的金制挂饰，如小刀、叉、锹及其他工具。金链的两边由一个小金环连接，然后再穿入一个交叉支架，同时这个支架被两个"站立"在一颗巨大的烟水晶（smoky quartz）两侧的狮子形挂饰框住。根据金链上描绘的挂饰的工具类型，人们最初推测这件物品属于一位男性，但现在研究人员认为它属于一位女性。这条金链是大量金银饰品中的一件，其在技术和风格上展现了条顿（Teutonic）和罗马的融合，它很可能是由一位受到罗马工艺品影响的外族金匠制作的。

罗马式梳子

公元3—4世纪
象牙·长: 12.7厘米
出处未知
大英博物馆, 英国, 伦敦

　　这把象牙材质的两面梳子被认为来自一座古墓, 因为上面刻有拉丁语铭文。尽管人们对文字的结尾部分还存有争议, 但可以确定的是, 这把梳子属于一位名叫莫得斯蒂娜 (Modestina) 的女性。学者们尚不确定上面的文字是不是"永别了, 莫得斯蒂娜", 因为不确定最后一个单词是否有拼写错误; 或者, 如果最后四个字母是首字母的缩写, 那很可能代表的是一位受人尊敬的杰出女性。梳子作为必需品, 通常是用骨头或木头制成的。拥有象牙 (或银) 材质的梳子则表明所有者有较高的身份地位, 这把梳子不仅可以用来梳头, 还可以在造型后为发型做修饰。

来自奥古斯塔·劳里卡的银盘

公元4世纪中期
银·直径: 53厘米
来自瑞士
奥古斯塔·劳里卡博物馆
（Augusta Raurica Museum），
瑞士，奥古斯塔附近

奥古斯塔·劳里卡（Augusta Raurica）是莱茵河畔最古老的罗马殖民地之一，约在公元前44年建立，人们在这里发掘出二百七十件银器，包括大号的银托盘、勺子、硬币和其他物品，以及上图这个以《伊利亚特》中的场景装饰的银盘，它描绘了奥德修斯发现阿喀琉斯身着女装，以此避免参战。其中一些物品是君士坦丁大帝过去收到的礼物，用以纪念他的统治。如此来看，这批银器似乎属于某个人或某两个人，他或他们的身份可能是高级军事指挥官。公元351年左右，它们被埋在了洛罗森斯兵营（Castrum Rauracense）附近的一座要塞，该要塞是用来保护莱茵河上的一座桥而修建的。不过让人意想不到的是，这座要塞在一年之内被日耳曼部落洗劫一空。

米尔登霍尔的珍宝

公元4世纪
银·尺寸：多种
来自英国，萨福克，米尔登霍尔
(Mildenhall)
大英博物馆，英国，伦敦

米尔登霍尔的珍宝由一系列装饰精美的银器组成，包括两个大盘子、两个装饰精美的小盘子、一个深槽碗、四个带装饰的大碗、两个带装饰的小碗、两个带底座的小碗碟、一个带圆顶盖的深碗、五个带海豚形手柄的小圆勺和八个长柄勺。尽管这批珍宝中可以用来确定制作年代的硬币很少，但餐具的设计和工艺提供了一个准确的证据，其可以追溯到公元4世纪。其中，最大的物品是下图中左上方的那个盘子（直径60.5厘米），上面装饰着祭拜酒神狄俄尼索斯的画面。

鲁本斯花瓶

约公元400年
玛瑙和金·高: 18.6厘米, 宽:
12厘米
来自土耳其, 君士坦丁堡 (今伊
斯坦布尔)
沃尔特斯艺术博物馆, 美国, 巴
特摩尔

这个花瓶是以佛兰德画家彼得·保罗·鲁本斯 (Peter Paul Rubens) 命名的, 他在1619年将其买下。花瓶由一整块玛瑙雕刻而成, 制作地点可能是在拜占庭皇帝的皇家工坊。在帝国后期, 艺术作品中使用诸如玛瑙之类的石材变得越来越流行, 因为它们可以允许艺术家在不使用颜料的情况下自由地运用光线和色彩。这个花瓶上雕刻有错综复杂的藤蔓和树叶图案, 两侧都装饰有潘神 (Pan, 自然、音乐和牧羊人之神) 的面部图案。花瓶上的金边似乎是19世纪初在法国添加上去的。

科布里奇的兰克斯

公元4世纪
银·长：50.3厘米，宽：38厘米
来自英国，哈德良长城，科布里奇
大英博物馆，英国，伦敦

兰克斯（lanx）是一种带装饰的"图画"浅盘，它们是用来展示而非使用的。这件兰克斯是在泰恩河的河床上被发现的，它似乎是某批珍宝中的一部分，因为在过去几个世纪中，人们在同一地点附近陆续发现了各种各样的物品。由于当时英国尚无制造银器的工坊，所以它很可能是进口的奢侈品。这件兰克斯上描绘的是阿波罗神殿中的一个场景：阿波罗拿着一把弓箭站在神殿的入口处，脚旁边放着一把七弦琴；左侧，他的双胞胎姐姐阿尔忒弥斯正与女神雅典娜交谈；另外，中心位置还有两名身份不明的女性。

莱克格斯酒杯

公元4世纪
银和玻璃·高: 15.9厘米，直径: 13.2厘米
出处未知
大英博物馆，英国，伦敦

　　这只笼形玻璃杯描绘的是古希腊神话
中国王莱克格斯（Lycurgus）被酒神击败
的场景。这只酒杯的非比寻常之处在于，
它不仅是古罗马时代留存至今的同类
器物中最完整、装饰最精美的酒杯
之一（笼形玻璃杯的设计通常采用
的是几何形状，而非人物造型），还
是唯一一个用双色玻璃制成的容器的完整示例。这
种玻璃含有金或银的纳米颗粒，可以根据光线的变
化而改变自身的颜色。当光从前方照亮杯子时，杯
体呈绿色；当光从后方照亮时，杯体瞬间变成了鲜
红色。现代的玻璃制造者一直在尝试重现这项技术，
但迄今为止，人们还是无法理解罗马人是如何在不
使用激光切割的情况下制作出这种杯子的。

霍克森宝藏之身体链

公元5世纪
金·长：84厘米，重：249.5克
来自英国，萨福克，霍克森
大英博物馆，英国，伦敦

　　这条身体链是由四条设计复杂、环环相扣的金链构成的。佩戴时，它需要穿过佩戴者的肩膀上方和手臂下方，并在前后交叉。每条链子的末端都有一个狮子头装饰，它们通过圆环连接，前后分别连接到底座上。前方的底座有一个可容纳九颗宝石的椭圆形嵌框，里面镶嵌的有紫水晶、石榴石和珍珠（空的嵌框被认为曾镶有珍珠）。后面的底座则用有格拉蒂安（Gratian，公元367—383年在位）人像的苏勒德斯金币固定。链条的尺寸表明它是一位纤细的成年女性或小女孩所佩戴的。

　　在基督教和罗马异教同时受追捧的时代，格拉蒂安皇帝更青睐于基督教。他拒绝向神圣皇帝致敬，并将胜利圣坛（Altar of Victory）从元老院移除，这标志着其对罗马传统宗教的明确拒绝。在这里，用装饰有他头像的金币作为这条身体链的核心，则表明其主人也是基督徒，并且通过身体链对外明确了这一点。根据格拉蒂安的去世时间推断，身体链的所有者应该是不列颠群岛早期的基督教信徒。

霍克森宝藏（Hoxne Hoard）是在罗马的不列颠尼亚行省发现的最丰富的宝藏之一，其中有近一万五千枚硬币，包括金币、银币和青铜铸币，它们的历史可追溯至公元4—5世纪初。这些硬币是在君士坦丁二世（公元337—340年在位）、瓦伦提尼安一世（Valentinian I，公元364—375年在位）和霍诺里乌斯（Honorius，公元393—423年在位）的统治期内铸造的。

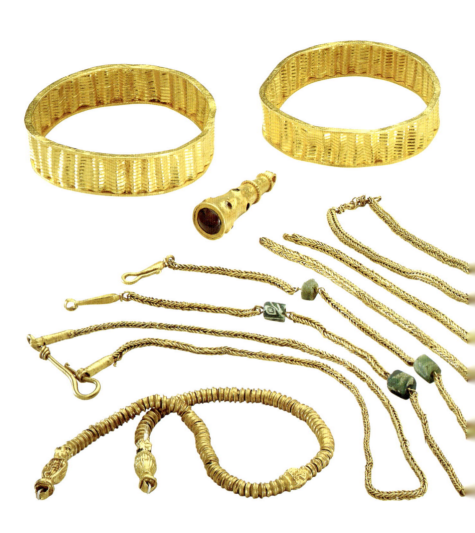

塞特福德宝藏

公元4世纪
金·尺寸：多种
来自英国，诺福克，塞特福德（Thetford）
大英博物馆，英国，伦敦

　　在罗马的不列颠尼亚行省发现的其他宝藏中，除了各种餐具之外，还有一系列主要由黄金首饰组成的宝藏。这套完整的塞特福德宝藏包括二十二枚戒指、四只手镯、五条项链、四个吊坠、两个项链接扣、一个护身符、一个装饰有萨提图案的皮带扣，以及雕刻有装饰图案的绿宝石和玻璃珠。其中，除了一只由两根金条扭结而成的、分量很重的手镯之外，其他首饰似乎都没被佩戴过。根据这些珠宝的样式和设计可知，它们似乎来自同一家工坊，这表明它们可能是一位商人的收藏品，而非某人的个人饰品。

笼杯

公元300—325年
玻璃和铜合金·高: 7.4厘米, 直径: 12.2厘米
来自德国
康宁玻璃博物馆（Corning Museum of Glass），美国，纽约

　　罗马笼杯是一种极昂贵的奢侈品，最早出现在公元250年左右，一直流行到公元4世纪，因其可以展示主人的财富而广受欢迎。将玻璃切割、打磨，只在原始表面留下一个装饰性"笼子"，而且通常采用几何形设计。制作此类物品的困难之处在于，一个很小的裂缝都可能会破坏整件作品。这件在底座和侧面都装有金属配件的装置表明，人们曾将其用作一盏可悬挂的灯，而非饮酒器皿。

带有雌虎和幼崽图案的镶嵌画

公元4世纪
石头·高：1.4米，宽：1.3米
来自东罗马帝国
克利夫兰艺术博物馆，美国

描绘动物的场景——特别是大型猫科动物的哺乳或与幼崽嬉戏的场景——是帝国后期流行的装饰图案之一，在某种程度上取代了狩猎场景。这幅地板镶嵌画在白色的背景上描绘了一只母老虎和三只小幼崽，虎妈妈看起来好像在对它前面的幼崽咆哮，同时那只幼崽也以类似的姿势朝虎妈妈转过头来。此外，还有一只幼崽爬到了虎妈妈的背上，这使得整个画面变成了一幅妙趣横生的场景。这几只老虎的形象通过一系列细节凸显出来，制作者在其中用米色、棕色、黑色和黄色的多色镶嵌石来展示它们毛皮上的图案和条纹。

镜子

公元 4 世纪
银 · 直径: 13.2 厘米
出处未知
大都会艺术博物馆, 美国,
纽约

　　这面镜子制作于公元 4 世纪, 采用了公元前 1 世纪时首次
出现的设计样式, 并在整个古罗马时期被广泛传播。该样式
最早在小亚细亚和近东地区被采用, 但直到公元 9 世纪或公
元 10 世纪才在该地区被采用。这类镜子的背部安装有一个水
平把手, 比如图中这面镜子。镜子把手采用的是树叶形的装
饰图案, 这是一个有着悠久传统的典型特征, 同时把手的中
央还有一个"赫拉克勒斯之结"(Hercules knot)。其他的
装饰仅有镜框边缘雕刻的花环图案。

玻璃高脚杯

公元4世纪
绿色玻璃·高: 8.5厘米
来自乌克兰
大都会艺术博物馆，美国，纽约

　　这只吹制的玻璃高脚杯是由半透明的浅绿色玻璃制成的。它的边缘轮廓是圆形的，底座的侧面是直边。杯体与中空的球形杯颈和中空的圆锥形杯脚连接在一起。杯身上的痕迹表明，其在使用过程中产生了一些磨损。虽然这只杯子制作于公元4世纪的古罗马，但上面的彩绘花环装饰却不古老，显然是后来添加的，具体时间尚不清楚。不过，这可能表明，高脚杯后来被某个不知道其出处的古罗马人再次使用。

带有君士坦丁肖像的八角形吊坠

约公元324—326年
金·吊坠高: 9.7厘米, 宽: 9.4厘米
来自东罗马帝国
克利夫兰艺术博物馆, 美国

　　图中这个吊坠和另外两个链环是一条较大的古老金项链的仅存构件。链环的样式类似于科林斯式柱(Corinthian columns)。吊坠以一枚装饰有君士坦丁肖像的金币为中心。这枚金币的发行量较少, 正面为皇帝的侧脸像, 背面是他的两个儿子的肖像。金币四周有八个交替排列的男女半身像, 其中有一些可以分辨出来是神话人物。这似乎与君士坦丁作为第一位基督教皇帝的身份相矛盾, 但也展现了公元3—4世纪的古罗马世界中两种相互冲突的宗教习俗的融合。人们由此推测, 这条项链的主人可能是一位皇室成员或高级官员。

带扣

公元4世纪后期—公元5世纪初
青铜·长: 10厘米
来自英国, 约克, 卡特里克罗马要塞 (Catterick
Roman Fort)
大英博物馆, 英国, 伦敦

　　这枚风格化的青铜带扣是罗马的
不列颠尼亚行省的军官或高级公务员
的制服上的一个典型元素。带扣上的
海马造型的两侧各有一只海豚, 海豚
是当时流行的带扣图案之一。在英国
和法国北部, 以及那些与罗马军事基
地相关的地方, 都发现了多枚上面装
饰有海豚图案的带扣, 它们可能象征
着海神俄刻阿诺斯 (Oceanus) 和
尼普顿 (Neptune)。另一个例子是
在2016年, 当时人们在英格兰东米
德兰 (East Midlands) 的莱斯特
(Leicester) 附近挖掘出一座罗马士
兵的古墓, 在里面发现了一枚制作于
公元4世纪的海豚带扣。这枚特殊的带
扣结合了两种最常见的形状 (通常是
正方形和圆形)。

带有斯提里科、塞丽娜和欧克勒斯形象的双联画

约公元395年

象牙·高:33厘米, 宽:16厘米, 深:0.9厘米

出处未知

蒙扎大教堂（Monza Cathedral），意大利

从公元4世纪末到公元5世纪初，即罗马的日耳曼尼亚行省动乱频发的时期，一个名叫斯提里科（Stilicho）的汪达尔人代表皇帝霍诺里乌斯担任西罗马帝国名义上的统治者。尽管他在对抗哥特人的战斗中取得了初步胜利，但在对抗莱茵河和多瑙河沿岸的其他野蛮部落时却惨败，致使其失去了各部落的支持。他于公元408年被处决，其妻儿不久后也被杀害。这幅象牙材质的双联画展现的是这个家庭某一刻的美好时光：斯提里科被描绘成一名身材高大、装备精良的男子，这代表了他的力量和权威；他儿子（最左侧）手里的书表明其所受的教育，他的罗马妻子的手里则拿了一朵鲜花。

君士坦丁的巨型雕像

公元4世纪
大理石·雕像原高：12.2米，头部高：2.6米
来自意大利，罗马
卡比托利欧博物馆，意大利，罗马

  头部、一只手、一只脚，以及胳膊和腿的某一部分，这些是君士坦丁雕像仅存的所有部件。这尊呈坐姿的雕像刚完成时，高度超过了十二米。雕像的四肢和头部由白色的大理石雕刻而成，躯干则由砖芯和木质框架构成，上面镀有青铜。该雕像最初位于罗马广场边缘的君士坦丁大教堂。实际上，君士坦丁大教堂由马克森提乌斯建造，并且最初是以他的名字命名的，但在君士坦丁击败他并成为罗马帝国的唯一统治者之后，这座建筑则以君士坦丁的名字命名，人们还在后殿放置了君士坦丁的雕像。

海伦娜的石棺

公元4世纪
斑岩·高：1.5米，长：2.7米，深：1.8米
来自意大利，罗马附近，拉比卡纳大道（Via Labicana）
庇奥-克里门提诺博物馆，梵蒂冈博物馆，意大利，罗马

　　石棺由埃及的一种红色大理石——斑岩（porphyry）——制成，它在当时的皇室中很流行，石棺里是君士坦丁大帝的母亲海伦娜（Helena）的遗体。石棺上装饰有军事性质的场景；两侧刻有罗马骑兵的浮雕，他们位于被俘虏的野蛮人之上。石棺的盖子上装饰着丘比特和手持花环的胜利女神的浮雕；顶端有两只狮子雕像，一只是睡觉的姿态，另一只是伏卧的姿势。事实上，这种装饰并不适合女性的石棺，学者们由此推测，认为石棺原本是为海伦娜的丈夫或儿子制作的，但当她于公元328年前后意外死亡时，它被用来应急了。

　　这口石棺被安葬在拉比卡纳大道附近的一座陵墓中，距罗马城约五千米的路程。陵墓的结构是圆形的，而圆形墓顶最初的高度超过了二十五米，上面还点缀着拱形窗户。墓顶是用陶器碎片砌成的，以便使其更加轻巧。现在这座陵墓的部分结构已经坍塌，而由此再现的陶器碎片为这座陵墓赋予了新的名字——花瓶塔（Tower of Vases）。这座历史遗迹与图中的石棺一样，最初是为君士坦丁建造的，而非他的母亲。

罗马的法律规定，葬礼要在罗马城外举行，因此在罗马帝国时期，罗马城外的道路上分布着大量墓葬纪念碑。海伦娜的石棺来自拉比卡纳大道上的一座陵墓，这条大道与该蚀刻画里描绘的阿皮亚古道相似。

罗马的"瑞士军刀"

约公元200—300年
银和铁·高：8.8厘米，长：15.5厘米
出处未知
菲茨威廉博物馆（Fitzwilliam Museum），英国，剑桥

　　这把用银和铁制成的折叠刀与现代的瑞士军刀非常相似，它是一种多功能工具，旅行者和军人都可能会用到。它不仅可以用作小刀、勺子和叉子，还可以当作抹刀和小铲使用。像图中的这类折叠刀并不罕见，但通常是用铁或青铜制成的，银的加入则表明它是军队指挥官或商人等富裕之人的奢侈品。

葫芦藤下的约拿

公元3世纪后期
大理石·高: 43.3厘米，长: 46.3厘米，深: 18厘米
来自小亚细亚
克利夫兰艺术博物馆，美国

　　这尊雕像描绘的是《约拿书》（*Book of Jonah*）中的一个情节。在这个故事中，约拿正等待着上帝将尼尼微（Nineveh）城摧毁，作为对居民恶行的惩罚。他不相信居民会有所改变，因此在距离城市有一段距离的地方观望。上帝安排了一棵繁茂的蓖麻以保护约拿免受沙漠中阳光的暴晒和风沙的侵袭，但因为约拿一直对上帝的审判结果提出质疑，最后蓖麻枯萎了。由于《约拿书》来自《圣经·旧约》（《摩西五经》，*Torah*），所以这尊雕像描绘的很可能是犹太人或基督教徒，但其样式和材质则表明它来自罗马。由此推测，这尊雕像中的人物更可能是基督教徒。

带有基督将"殉道者之冠"授予圣徒彼得和保罗场景的碗的底座

约公元350年
玻璃和金箔·高: 13.8厘米, 宽: 12.5厘米, 深: 5厘米
来自意大利, 罗马
大都会艺术博物馆, 美国, 纽约

　　这只碗仅剩下碗底的一块碎片, 是在挖掘时的砂浆中被发现的。彼得和保罗通过文字中的名字得以确认, 碗座边缘用拉丁语写着"基督赋予喜乐, 你最有价值的友人"。中心人物是基督, 他正在授予彼得和保罗冠冕, 这被认为是《圣经》中提到的五顶冠冕之一的生命指冠 (也被称为"殉道者之冠")。这顶冠冕是授予那些代表上帝经受了考验、磨难甚至肉体死亡的人。

　　这只碗采用的制作工艺被称为"金夹玻璃"(gold sandwich glass), 该技术流行于公元3—4世纪。通过将金箔融合在两块玻璃之间而制成的物品, 自身既明亮又泛着光泽。小块的金色玻璃 (大块的金色玻璃则是从较大的物品上取下的) 被人们用来装饰罗马地下墓穴中的各间墓室。基督教早期艺术中使用的金色玻璃使其与宗教主题之间建立了联系, 这种宗教主题持续到拜占庭时期, 直至中世纪。

"金夹玻璃"这种技术被用来制作构成镶嵌画的小块镶嵌玻璃, 从而创作出灿烂的金色镶嵌画, 这一技术在基督教或拜占庭时期非常流行, 并在整个中世纪被广泛使用。这幅镶嵌画描绘的是基督, 来自土耳其伊斯坦布尔的圣索菲亚大教堂 (Hagia Sophia)。这幅镶嵌画很可能使用了小块金色镶嵌玻璃, 因为它具有一种明亮的、发光的视觉效果。

带有圣徒彼得和保罗形象的碗

约公元350年
赤陶·高: 8.5厘米, 直径: 14厘米
来自意大利, 罗马
大都会艺术博物馆, 美国, 纽约

这只装饰相当简洁的陶碗是在罗马阿皮亚古道的地下墓穴里发现的, 它模仿了那些用金色玻璃制作的、较昂贵的圣物。通过上面的拉丁语, 圣徒彼得和保罗的名字被辨认出来, 这两个人面对面坐着, 头部之间有一个象征着基督的凯乐符号。碗的外侧装饰了一圈镶有殉道者的花环符号。这只碗的设计虽然简单, 但在其中却结合了早期基督教的多个元素。这说明基督教的图像在整个帝国及其社会、经济层面传播的速度之快。

带有凯乐符号的盘子

约公元370年
锡铅合金·尺寸：未知
来自英国，威尔士，文塔·西勒鲁姆
纽波特博物与艺术馆（Newport Museum and Art gallery），英国，威尔士

　　文塔·西勒鲁姆（Venta Silurum，今威尔士东南部的卡文特）是一个建立于公元75年的罗马行政中心。这个锡铅合金的盘子是在该镇广场附近的一所房屋废墟中发现的，一同被发现的还有其他类型的厨具。盘子的底部刻有凯乐符号，这是早期基督徒所使用的一种符号，由基督名字（希腊语名字）的前两个字母组成，这两个字母彼此重叠，从而形成一个单一的形式。这个盘子是不列颠群岛最早的基督教艺术品之一，约在公元370年，这里开始出现新宗教的证据。

带有圣徒保罗的运动员形象的勺子

约公元350—400年
银·高：5.6厘米，宽：4.6厘米
来自叙利亚
克利夫兰艺术博物馆，美国

　　这把银勺上的图案似乎是一个不寻常的主题，描绘了一个名叫保罗的运动员。这个赤裸的人物形象有着清晰的肌肉组织，他戴着皇冠，手握一根植物的茎，这是罗马运动会上获胜运动员的典型姿势。不过，通过勺子上的文字确认了他的名字，为这件物品的归属提供了一个明确的基督徒倾向。这可能与保罗写给哥林多的信有关，他在信中称自己是基督徒运动员。这把勺子是供家庭使用或展示的私人物品，所以它一定属于某个基督徒。在罗马帝国的后期，那种手柄上装饰有天鹅颈造型的汤匙变得十分流行。

带有基督形象的图章戒指

公元5世纪
金 · 直径: 2.6厘米, 重: 28.8克
出处未知
大英博物馆, 英国, 伦敦

　　这枚金制图章戒指由一个方形框和七个相对小的圆形垂饰组成, 每个圆形垂饰之间上下各嵌了两颗小圆粒。方形框上刻有一男一女的形象, 他们都是帝国后期富裕罗马人的装扮。他们中间有一个等边十字架, 这为戒指提供了一定的宗教背景。戒指的圆形垂饰上交替雕刻着一个被花环环绕的男子或女子的头像, 其中男子戴着风格化的弓形搭扣, 女子戴有项链和耳环。这很可能是一对婚戒中的一枚。由于它的尺寸较大, 所以很可能是新郎的戒指。

词汇表

Antefix 装饰瓦：垂直的砖块，位于覆盖屋顶的瓦片的末端，通常作为大型建筑的装饰物。它将凸瓦的末端隐藏起来，这些凸瓦覆盖板瓦的连接处。

Anthropomorphic 拟人化：将人类的形象或属性赋予非人类的存在或事物，尤其是与神灵或动物有关的事物。

Apse 半圆壁龛：建筑物中半圆形或多边形的终端或壁龛，通常带有拱形屋顶。罗马公共建筑和私人建筑中的典型特征，如今在教堂中较为常见。

Askos（复数:askoi）阿斯克斯：一种矮而宽的容器，用于盛放酒或油。它类似于古希腊和罗马的盛放匜酒的容器，主体是椭圆形的，一端或两端有一个短嘴，可用作手柄，通常用于倾倒或盛放少量液体。

Bezel 凹形底座：将宝石固定在背景中的凹槽。

Biconical 双锥形：由两个圆锥体组成的物体，两个圆锥体的底面相交形成单一结构。

Brazier 火盆：便携式加热器，包含一个锅或盛放用于点燃的煤炭或木材的支架，可用来加热或烹饪食物。它是在有墓葬背景的地点被发现的，很可能是用来烹饪葬礼后的餐食的。

Bucchero 布克凯洛陶器：一种黑色抛光的陶器，以其光滑的表面著称。它被证实为伊特鲁里亚本地的一种材料，仅与意大利北部的古罗马文化相关。

Cartouche 椭圆形轮廓：带雕刻图案的碑、绘画或框架，表现为带有卷边的旋涡形装饰，用于装饰或雕刻铭文。

Cista 西斯塔：古埃及人、希腊人、伊特鲁里亚人和罗马人用于各种实际和神秘目的的盒子或篮子。

Consul 执政官：每年选举出的两名共同统治共和国的首席行政长官。

Damnatio Memoriae 除忆诅咒：在人死后，对其名字和形象的公开谴责和抹杀，从而使公众抹去对他们的记忆。

Filigree 金银丝饰品：用精致的金属丝制成的装饰性金属制品，上面有精致的花饰图案。

Granulation 造粒：一种制造技术，金属元素在被加入相同成分的基底之前，首先要被塑造成小颗粒或小球。

Impasto 厚涂法：一种制作过程或技术，在涂料或颜料上厚厚地涂抹，使其从表面上突出。

Intaglio 凹雕：雕刻在某种材料上的图案，通常是宝石。

Kantharos 康塔罗斯酒杯：位于容器主体上的深碗。两个手柄从边缘升起，向下弯曲与主体连接，常用作饮酒器皿。

Kore（复数: korai）柯莱：表现古希腊年轻女性身着长袍、呈站立姿势的雕像。

Lararium 神龛：在家中供奉家族守护神的小神龛。

Lebes（复数: lebetes）碗形金属皿器：一种古希腊大锅，通常是由青铜制成的。

Libation 奠酒：一种重大节日活动庆典用的香酒，用以纪念神祇或已故的亲属。

Nenfro 火山石：在拉齐奥北部维泰博地区发现的一种火山岩，伊特鲁里亚人用它来制作雕塑。

Nymphaeum 仙女圣所：带喷泉的房间，用植物和雕塑装饰。它是一个或多个仙女的休息地、洞穴或圣殿。

Orientalizing style 东方风格：此种风格受近东和小亚细亚的影响，包括运用动物和花卉的主题，特征包含狮身人面像、狮子和莲花。

Palmettes 棕榈叶装饰：带有花瓣绽放图案的装饰物，形如棕榈叶。

Punic Wars 布匿战争：公元前264至前146年，罗马与迦太基之间进行的三次战争。

Pyxis 皮克西斯：一种保存贵重物品的小盒子，通常是圆柱形的，配有一个带中央旋钮的盖子。

Repoussé 凸纹：一种装饰技术，通过从背面进行锤打来装饰金属或给金属造型，以此形成浅浮雕的图案。

Scarab 圣甲虫：在古埃及，用作护身符、装饰品和复活标志的石头或彩陶甲虫。

Semito-Hamitic 闪-含语系：包括希伯来语、阿拉伯语和阿拉米语，还包括某些古代语言，如腓尼基语和阿卡德语。

Stela（复数：stelae）石柱：直立的石板或圆柱，通常带有纪念铭文或装饰性浮雕，通常用作墓碑。

Symposium 宴会：饮酒和知识交流的欢乐聚会，通常在晚饭后举行。

Terra sigillata 萨摩斯红色陶器：也被称为"萨摩斯岛陶器"。这是一种表面有光泽的、装饰有印花的精美红色陶器，产于西罗马帝国的某一地区。

Triclinium 三躺椅餐厅：餐厅的一种，其名称源于它通常包含三个可移动的沙发，食客在用餐时可以倚靠在上面。

Trompe l'oeil 错视画：一种视觉错觉艺术，诱使眼睛将画中的细节看成三维物体。

Tumulus（复数：tumuli）古墓：古代的土丘，通常由石头和覆盖在上面的泥土组成。

Venetic 维内蒂语：已经消失的印欧语系的一种语言。古代，在意大利东北部和现代的斯洛文尼亚的部分地区被使用。

Volutes 旋涡纹：以爱奥尼亚柱式、科林斯柱式和复合柱式为特色的旋涡形装饰。

Votive 祭品：为履行誓言而提供或奉献的物品。

Zoomorphic 动物形的：表现或模仿动物的造型。

索引 （加粗处为相应图片的页码）

A

antefix of a female figure 女性形象的装饰瓦 26-27，**26-27**

antefix of Medusa 美杜莎装饰瓦 71，**71**

Askos 阿斯克斯 49，**49**

askos of a boar 野猪造型的阿斯克斯 76，**76**

B

Baths,Bath 巴斯浴场 222，**222**

beaker with a theatrical scene 装饰有戏剧场景的大口杯 168-169，**169**

belt buckle 带扣 261，**261**

bikini trunks 比基尼泳裤 149，**149**

Bobbin,Etruscan 伊特鲁里亚卷线轴 18，**18**

bowls 碗

bowl base with Christ giving martyrs' crowns to Saint Peter and Saint Paul 带有基督将"殉道者之冠"授予圣徒彼得和保罗场景的碗的底座 270-271，**270**

bowl with lotus buds 带有莲花花蕾图案的碗 177，**177**

bowl with Saints Peter and Paul 带有圣徒彼得和保罗形象的碗 272，**272**

Etruscan lebes gamikos 伊特鲁里亚碗形婚礼器皿 19，**19**

boxer of the Quirinal,The 奎里纳勒山的拳击手 96，**96**

boxers' glass 拳击手玻璃杯 187，**187**

Bracelet 手镯 29，**29**

bread stamp,leaden 铅制面包印章 197，**197**

busts 半身像

Cicero 西塞罗的半身像 120-121，**120**

Commodus as Hercules 模仿赫拉克勒斯的康茂德半身像 196，**196**

Hannibal Barca 汉尼拔·巴卡的半身像 118-119，**119**

Julius Caesar (the Chiaramonti Caesar) 尤利乌斯·恺撒的半身像（基亚拉蒙蒂的恺撒）117，**117**

Livia 莉薇娅的半身像 180-181，**181**

Lucius Cornelius Sulla 卢基乌斯·科尔内利乌斯·苏拉的半身像 121，**121**

steelyard weight with a bust of Byzantine empress 带有女皇半身像的秤杆 234-235，**235**

Byrsa Hill,Carthage 拜尔萨山，迦太基 118，**118**

C

candelabrum with Aeneas and Anchises 带有埃涅阿斯和安喀塞斯雕像的枝形烛台 75，**75**

Capitoline She-Wolf 卡比托利欧的母狼 16，**16**

carbonized baby cradle 碳化的婴儿摇篮 148，**148**

carbonized bread 碳化的面包 142，**142**

cat footprint on Roman tile 罗马瓦片上的猫爪印 143，**143**

chalice 酒杯 25，**25**

chariots 战车

four-wheeled chariot with human figures 装饰有人物雕像的四轮推车 46-47，**47**

Monteleone di Spoleto chariot 蒙特莱昂内·迪·斯波莱托两轮战车 42-43，**42-43**

Chimera of Arezzo,The 阿雷佐的喀迈拉 85, **85**

cista depicting a Dionysian revel and Perseus with Medusa's head 雕刻有狄俄尼索斯狂欢画面以及帕修斯与美杜莎的头部的西斯塔 98-99, **99**

coin bank 存钱罐 141, **141**

coins 钱币

　coin of Vercingetorix 韦辛格托里克斯金币 116, **116**

　didrachm depicting Romulus,Remus and the She-Wolf 铸有罗慕路斯、雷穆斯和母狼图案的银币 111, **111**

　Roman coin 罗马古币 109, **109**

　Trajanic aureus 图拉真时期的金币 188, **188**

Comb,Roman 罗马式梳子 244, **244**

Corbridge lanx 科布里奇的兰克斯 248, **248**

cosmetic flask 化妆瓶 174, **174**

cosmetic vessel,Tridacna squamosa shell 鳞砗磲; 盛放化妆品的容器 30-31, **30-31**

couch and footstool 长榻和脚凳 159, **159**

Cuirass,Faliscan 法利希胸甲 38, **38**

cups 杯

　cage cup 笼杯 254-255, **255**

　circus cup 马戏团大口杯 161, **161**

　Lycurgus Cup,The 莱克格斯杯 249, **249**

　Warren Cup,The 沃伦杯 162-163, **162-163**

currency bar (aes signatum) 货币铜棒（印记铜）108-109, **108**

curse tablets,Roman 罗马诅咒板 222-223, **223**

D

Dacian Draco standard 达契亚飞龙旗 202-203, **202-203**

Diadem 头饰 55, **55**

diptych of Stilicho,Serena and Eucherlus 带有斯提里科、塞丽娜和欧克勒斯形象的双联画 262, **262**

dishes 盘子

　chi-rho dish 带有凯乐符号的盘子 273, **273**

　handle of a large dish 大型餐具的手柄 239, **239**

　Staffordshire Moorlands pan 斯塔福德高沼地盘子 175, **175**

　terra sigillata dish 萨摩斯红色陶盘 158, **158**

doll of Crepereia Tryphaena 克雷佩里娅·特尔菲娜的娃娃 157, **157**

E

Earrings,Etruscan disc 伊特鲁里亚圆盘形耳环 36-37, **36-37**

F

Fibula 扣针 89, **89**

Fibula,crossbow 弩形扣针 241, **241**

finial of Etruscan warriors 有伊特鲁里亚士兵造型的顶部装饰物 107, **107**

Flask,Etruscan 伊特鲁里亚水壶 20-21, **21**

Forma Urbis Romae 古罗马地图 138, **138**

fresco from the Tomb of the Dancers 舞者之墓中的壁画 125, **125**

G

gaming board 游戏盘 160, **160**

goblets 酒杯

　glass goblet 玻璃高脚杯 258-259, **259**

　Vicarello Goblet,The 维卡里罗酒杯 93, **93**

Great Cameo of France,The 精致的法国浮雕宝石 164-165, **165**

Gridiron 烤架 229, **229**

Guttus 酒壶

　frog guttus 青蛙造型的酒壶 97, **97**

　terracotta guttus 赤陶酒壶 128, **128**

H

Heads 头像

head of Hermes 赫尔墨斯头像 133, **133**

head of Medusa 美杜莎青铜头像 185, **185**

head of Zeus (Tinia) 宙斯的头部雕像（提尼亚）122-123, **122**

Meroë Head of Augustus 麦罗埃的奥古斯都头像 178-179, **178**

Helmets 头盔

Etruscan helmet 伊特鲁里亚头盔 106, **106**

gladiator helmet 角斗士的头盔 153, **153**

Ribchester helmet 里布切斯特头盔 200-201, **200**

Horrea of Epagathus and Epaphroditus 伊帕加修斯和埃帕弗洛迪图斯粮库 226, **226**

house keys from Cave of Letters 信之洞中的房门钥匙 156, **156**

Hoxne treasure body chain 霍克森宝藏之身体链 250-251, **250**

Hoxne treasure pepper pot 霍克森胡椒瓶 231, **231**

J

jewelry set 成套首饰 95, **95**

K

kantharos 康塔罗斯酒杯 24, **24**

kantharos of a female faun or Io 女法瓮或艾奥形象的康塔罗斯酒杯 72-73, **73**

L

lamp in the form of a comic mask 喜剧面具造型的灯 144-145, **145**

Lapis Niger inscription,copy of 黑色大理石碑文复制品 104, **104**

Leptis Magna,Libya 利比亚的大莱普提斯

168, **168**

Lute 鲁特琴 236-237, **236-237**

M

medallion with a portrait of Gennadios 带有金纳迪奥斯肖像的奖章 238, **238**

Mildenhall treasure 米尔登霍尔的珍宝 246, **246**

military diploma 军事证书 198, **198**

Mirror 镜子 257, **257**

Mirror,engraved hand 雕刻手镜 90, **90**

Mithraeum,Capua 卡普阿的密特拉寺 210, **210**

Modius 莫迪乌斯 201, **201**

Mortarium 莫塔瑞恩 146, **146**

Mosaics 镶嵌画

mosaic floor with Orpheus and animals 带有俄耳甫斯和动物图案的镶嵌地板 170, **170**

mosaic panel with a griffin 带有格里芬形象的镶嵌画 230, **230**

Neptune and Amphitrite mosaic 带有尼普顿和安菲特律特形象的镶嵌画 140, **140**

Nile mosaic 尼罗河镶嵌画 101, **101**

tigress and cubs mosaic 带有雌虎和幼崽图案的镶嵌画 256, **256**

Mug 马克杯 80, **80**

N

Necklace,gold 金项链 91, **91**

necropolis of Isola Sacra,Fiumicino 位于菲乌米奇诺的伊索拉萨克拉墓园 217, **217**

O

offering tray 祭品托盘 60, **60**

P

patera support (Lasa) 祭酒碗支撑物（拉萨）130, **130**

Pendants 吊坠

chain with fifty-two pendants 装饰有五十二个吊坠的金链 242-243, **243**

Etruscan pendant with swastika symbols 带有万字符的伊特鲁里亚吊坠 28, **28**

octagonal pendant featuring Constantine 带有君士坦丁肖像的八角形吊坠 260, **260**

perfume bottle 香水瓶 33, **33**

Pin,straight 笔直的别针 32, **32**

planes for woodworking 木工刨 193, **193**

Plate,fish 鱼盘 92, **92**

plate from the silver treasure of Augusta Raurica 来自奥古斯塔·劳里卡的银盘 245, **245**

Portraits 肖像

'Bigio Morata' Portrait of a Nubian 努比亚人的大理石肖像 110, **110**

Capitoline Brutus 卡比托利欧的布鲁图斯 112, **112**

male portrait (possibly Publius Cornelius Scipio Africanus) 男性肖像（可能是征服非洲的普布利乌斯·科尔内利乌斯·西庇阿）179, **179**

portrait of a woman known as 'L'Européenne' 以"欧洲人"著称的女性肖像 212-213, **213**

portrait of Vespasian 维斯帕先的肖像 186, **186**

Pyxis 皮克西斯 61, **61**

R

Reliefs 浮雕

Praetorians Relief 近卫军浮雕 182-183, **183**

relief depicting making bread 展现面包制作过程的浮雕 226-227, **227**

Sarmatians paying their taxes on Trajan's Column 图拉真柱上萨尔马提亚人的交税场景

204-205, **205**

Rhyta 角状杯

zoomorphic rhyta 动物角状杯 126-127, **127**

Rings 戒指

Etruscan gem ring with Hercules at rest 带有赫拉克勒斯休息图案的伊特鲁里亚宝石戒指 88, **88**

ring with sphinx and two birds 刻有狮身人面像和两只鸟图案的戒指 35, **35**

scarab ring with archer 带有弓箭手图案的圣甲虫戒指 84, **84**

signet ring with Christian motif 带有基督形象的图章戒指 275, **275**

silver gilt ring 银镀金戒指 34, **34**

Roman fort reconstruction,Saalburg 罗马重建堡垒，萨尔堡 203, **203**

Rome 罗马

beginnings of Rome 罗马的开端 15-17

maps of the Roman world 罗马地图 10-13

Republic 共和国时期 65-67

rise of Christianity,fall of Rome 基督教的崛起和罗马的陷落 219-221

rise of the Empire 帝国的崛起 137-139

rules of the Library of Pantainos 图书馆的规则 152, **152**

S

Sarcophagi 石棺

child's sarcophagus 儿童的石棺 216-217, **216**

Helena'ssarcophagus 海伦娜的石棺 264-265, **264**

Lucius Cornelius Scipio Barbatus 卢基乌斯·科尔内利乌斯·西庇阿·巴尔巴图斯的石棺 67, **67**

Seianti Hanunia Tlesnasa 西安提·韩纽尼

娅·特斯纳莎的石棺 134-135，**134-135**

Sarcophagus of the Spouses,The 一对夫妻的石棺 62-63，**63**

scutum shield 长形盾牌 199，**199**

Severan Tondo 塞维鲁王朝的圆形绘画 192，**192**

ship's ram from Egadi 埃加迪群岛上的撞击装置 113，**113**

sistrum musical instrument 叉铃乐器 171，**171**

Skyphos 斯基弗斯 100，**100**

slave collar with inscription 刻有铭文的奴隶项圈 233，**233**

Socks 袜子

左脚儿童袜 224-225，**224-225**

spoon with Saint Paul as an athlete 带有圣徒保罗的运动员形象的勺子 274，**274**

Stabian Baths,Pompeii 庞贝的史塔宾浴场 83，**83**

Statues 雕像

Antinous 安提诺乌斯的雕像 189，**189**

Aphrodite 阿佛洛狄忒的雕像 64-65，**64**

Apollo 阿波罗的雕像 14-15，**14**

Augustan Prima Porta 第一位奥古斯都的雕像 136-137，**136**

Boxer of the Quirinal,The 奎里纳勒山的拳击手 96，**96**

colossal statue of Constantine 君士坦丁的巨型雕像 263，**263**

equestrian statue of Marcus Aurelius 马克·奥勒留的骑马雕像 190-191，**191**

Four Tetrarchs 四帝共治制 219-220，**220**

Hercules 赫拉克勒斯的雕像 123，**123**

Isis 伊西斯的雕像 208，**208**

Jonah under the gourd vine 葫芦藤下的约拿 268-269，**268-269**

Laocoön 拉奥孔 102-103，**103**

Ludovisi Gaul,The 路德维希的高卢人 194-195，**195**

marble statue of the sun god Mithras 太阳神密特拉的大理石雕像 210-211，**210—211**

Mars 玛尔斯雕像 124，**124**

statuette of a young woman 年轻女子的雕像 22，**22**

Three Graces,The 美惠三女神 176，**176**

two women playing knucklebones 两个女人正在玩关节骨 74，**74**

winged lion 带翅膀的狮子雕像 58-59，**59**

Strigil 刮身板 82-83，**82-83**

stylized bronze hands and head 风格化的青铜手和头 52-53，**52-53**

surgical equipment 手术器材 147，**147**

sword and scabbard 剑和鞘 39，**39**

sword of Tiberius 提比略的剑 184，**184**

T

Thetford hoard 塞特福德宝藏 252-253，**252-253**

Thrones 王座

carved throne 雕刻的王座 40-41，**41**

Lansdowne Throne of Apollo,The 阿波罗的兰斯顿王座 114-115，**115**

tintinnabulum in the form of a phallus 阴茎形状的小铃铛 132，**132**

Tombstones 墓碑

funeral stela 葬礼墓碑 48，**48**

funerary inscription for Regina 里贾纳的葬礼铭文 206-207，**206**

Neumagen wine ship tombstone 诺依玛根酒船墓碑 209，**209**

tombstone of Licinia Amias 卢多西亚·埃米娅的墓碑 215，**215**

Zannoni stela 扎诺尼墓碑 54，**54**

Tool, 'Swiss army knife' 罗马的"瑞士军刀"
266-267, **266-267**

tragic theatre mask, Roman 罗马的悲剧面具
172-173, **172**

Trajan's Column 图拉真柱 139, **139**

Trajan's Forum 图拉真广场 139, **139**

tripod stand 三脚架 68-69, **69**

Trumpet 喇叭 105, **105**

tunic with Dionysian ornament 带有狄俄尼
索斯形象装饰的长袍 232, **232**

U

Urns 骨灰瓮

    alabaster cinerary urn 雪花石膏骨灰瓮 56, **56**

    biconical urn 双锥形骨灰瓮 44-45, **44**

    terracotta hut urn 赤陶小屋骨灰瓮 45, **45**

V

Vases 瓶子

    black-figure hydria 黑色人像大陶罐 43, **43**

    Portland Vase,The 波特兰花瓶 166-167, **167**

    red-figure stamnos 红彩陶酒坛 94, **94**

    Rubens Vase,The 鲁本斯花瓶 247, **247**

vase in the shape of a cockerel 公鸡造型的壶
23, **23**

vessel ornament of a reclining lyre player 斜
倚的七弦琴演奏者造型的容器 86-87, **86-87**

Villa of Livia 莉薇娅别墅 180, **180**

Villa of P. Fannius Synistor P. 法尼尤斯·希尼
斯特的别墅 77-79, **77-79**

Vindolanda writing tablets 文德兰达书写板
154-155, **155**

Votives 祭品

    anatomical votive 带有解剖图案的祭品
    131, **131**

    votive left foot 献祭的左脚 214, **214**

votive tablet with Venetic alphabet 刻有维
内蒂语字母的供奉书写板 50-51, **50-51**

votive uterus 献祭的子宫 129, **129**

W

Wagon,Etruscan 伊特鲁里亚马车 56-57,
56-57

wall paintings 壁画

    Bacchus and Mount Vesuvius 巴克斯和维
    苏威火山壁画 150-151, **151**

    Egyptianizing wall painting 具有埃及风格
    的壁画 81, **81**

    Etruscan wall painting 伊特鲁里亚壁画
    62, **62**

    man drinking from rhyton 人正在用角状杯
    喝酒 126, **126**

    Room H of the villa of P. Fannius Synistor
    P. 法尼尤斯·希尼斯特别墅里的H房间 78-
    79, **78-79**

    Room M (cubiculum) from the villa of P.
    Fannius Synistor P. 法尼尤斯·希尼斯特别
    墅里的M房间（墓室）77, **77**

    wall painting containing chi-rho
    monograph 带有凯乐符号的壁画 228, **228**

    wall painting depicting writing instruments
    描绘有书写工具的壁画 154, **154**

wine strainer 葡萄酒过滤器 70, **70**

博物馆索引

奥地利
维也纳
艺术史博物馆
装饰有五十二个吊坠的金链 242-243

丹麦
哥本哈根
丹麦国家博物馆
马戏团大口杯 161
新嘉士伯艺术博物馆
维斯帕先的肖像 186

法国
里昂
里昂艺术博物馆
韦辛格托里克斯金币 116
巴黎
卢浮宫
莉薇娅的半身像 180-181
雕刻手镜 90
带有万字符的伊特鲁里亚吊坠 28
以"欧洲人"著称的女性肖像 212-213
近卫军浮雕 182-183
法国国家图书馆
精致的法国浮雕宝石 164-165

德国
巴特洪堡
萨尔堡博物馆
木工刨 193
柏林

文物博物馆，柏林国家博物馆
塞维鲁王朝的圆形绘画 192
科布伦茨
科布伦茨国家博物馆
达契亚飞龙旗 202-203
慕尼黑
慕尼黑博物馆
卢基乌斯·科尼内利乌斯·苏拉的半身像 121
特里尔
莱茵兰考古博物馆
诺依玛根酒船墓碑 209
展现面包制作过程的浮雕 226-227

希腊
雅典
雅典古市集博物馆
图书馆的规则 152
德尔斐
德尔斐考古博物馆
安提诺乌斯的雕像 189

以色列
耶路撒冷
以色列博物馆
信之洞中的房门钥匙 156

意大利
博洛尼亚
博洛尼亚考古博物馆
阿斯克斯 49
带有埃涅阿斯和安喀塞斯雕像的枝形烛

台 75
雕刻的王座 40-41
葬礼墓碑 48
扎诺尼墓碑 54

埃尔科拉诺
赫库兰尼姆考古学公园
带有尼普顿和安菲特律特形象的镶嵌画 140

埃斯特
阿泰斯蒂诺国家博物馆
刻有维内蒂语字母的供奉书写板 50-51

费拉拉
费拉拉国家考古博物馆
动物角状杯 126-127

佛罗伦萨
佛罗伦萨国家考古博物馆
阿雷佐的咯迈拉 85
献祭的子宫 129

蒙扎
蒙扎大教堂
带有斯提里科、塞丽娜和欧克勒斯形象的双联画 262

那不勒斯
那不勒斯国家考古博物馆
西塞罗的半身像 120
汉尼拔·巴卡的半身像 118-119
碳化的婴儿摇篮 148
碳化的面包 142
舞者之墓中的壁画 125
男性肖像（可能是征服非洲的普布利乌斯·科尔内利乌斯·西庇阿） 179
军事证书 198
手术器材 147
巴克斯和维苏威火山壁画 150-151

奥尔维耶托
克劳迪奥·菲娜，伊特鲁里亚博物馆

宙斯的头部雕像（提尼亚） 122-123

帕莱斯特里纳
帕莱斯特里纳国家考古博物馆
尼罗河镶嵌画 101

罗马
卡比托利欧博物馆
模仿赫拉克勒斯的康茂德半身像 196
卡比托利欧的布鲁图斯 112
君士坦丁的巨型雕像 263
克雷佩里娅·特尔菲娜的娃娃 157
马克·奥勒留的骑马雕像 190-191
伊西斯的雕像 208
基亚拉蒙蒂博物馆，梵蒂冈博物馆
尤利乌斯·恺撒的半身像（基亚拉蒙蒂的恺撒） 117
格里高利，伊特鲁里亚博物馆，梵蒂冈博物馆
手镯 29
伊特鲁里亚马车 56-57
玛尔斯雕像 124
伊特鲁里亚国家博物馆，茱莉亚别墅
美杜莎装饰瓦 71
伊特鲁里亚水壶 20-21
装饰有人物雕像的四轮推车 46-47
赫尔墨斯的头像 133
一对夫妻的石棺 62-63
赫拉克勒斯的雕像 123
风格化的青铜手和头 52-53
剑和鞘 39
罗马国家博物馆，戴克里先浴场
卢多西亚·埃米娅的墓碑 215
罗马国家博物馆，泰尔梅博物馆
黑色大理石碑文复制品 104
美杜莎青铜头像 185
路德维希的高卢人 194-195
刻有铭文的奴隶项圈 233
奎里纳勒山的拳击手 96

罗马文明博物馆
　　图拉真柱上萨尔马提亚人的交税场景
　　204-205
梵蒂冈博物馆，庇奥－克里门提诺博物馆
　　拉奥孔 102-103
　　海伦娜的石棺 264-265
西西里岛
　　前弗洛里奥金枪鱼加工厂
　　埃加迪群岛上的撞击装置 113

瑞士
奥古斯塔
　　奥古斯塔·劳里卡博物馆
　　来自奥古斯塔·劳里卡的银盘 245

英国
巴斯
　　古罗马浴池博物馆
　　罗马诅咒板 222-223
剑桥
　　菲茨威廉博物馆
　　罗马的"瑞士军刀" 266-267
格洛斯特
　　格洛斯特城市博物馆
　　罗马瓦片上的猫爪印 143
哈德良长城
　　切斯特斯罗马要塞
　　莫迪乌斯 201
　　科布里奇的罗马古城
　　游戏盘 160
　　文德兰达要塞博物馆
　　拳击手玻璃杯 187
伦敦
　　大英博物馆
　　带有解剖图案的祭品 131
　　带扣 261

手链 240
酒杯 25
儿童的石棺 216-217
科布里奇的兰克斯 248
货币铜棒（印记铜） 108-109
头饰 55
铸有罗慕路斯、雷穆斯和母狼图案的银币
111
伊特鲁里亚卷线轴 18
伊特鲁里亚头盔 106
鱼盘 92
角斗士的头盔 153
金项链 91
烤架 229
霍克森胡椒瓶 231
霍克森宝藏之身体链 250-251
左脚儿童袜 224-225
莱克格斯酒杯 249
太阳神密特拉的大理石雕像 210-211
麦罗埃的奥古斯都头像 178-179
米尔登霍尔的珍宝 246
莫塔瑞恩 146
香水瓶 33
波特兰花瓶 166-167
里布切斯特头盔 200-201
罗马式梳子 244
罗马的悲剧面具 172-173
西安提·韩纽尼娅·特斯纳莎的石棺
134-135
带有基督形象的图章戒指 275
叉铃乐器 171
斯塔福德高沼地盘子 175
提比略的剑 184
塞特福德宝藏 252-253
阴茎形状的小铃铛 132
图拉真时期的金币 188

鳞砗磲：盛放化妆品的容器 30-31
三脚架 68-69
喇叭 105
两个女人正在玩关节骨 74
文德兰达书写板 154-155
带有凯乐符号的壁画 228
沃伦杯 162-163
葡萄酒过滤器 70

伦敦博物馆
比基尼泳裤 149

科学博物馆
献祭的左脚 214

南希尔兹
阿尔贝亚罗马要塞博物馆
里贾纳的葬礼铭文 206-207

威尔士
国家古罗马军团博物馆
铅制面包印章 197

纽波特博物与艺术馆
带有凯乐符号的盘子 273

美国
巴特摩尔
沃尔特斯艺术博物馆
鲁本斯花瓶 247
雕刻有狄俄尼索斯狂欢画面以及帕修斯与美杜莎的头部的西斯塔 98-99
带有赫拉克勒斯休息图案的伊特鲁里亚宝石戒指 88

波士顿
波士顿美术馆
化妆瓶 174
刻有狮身人面像和两只鸟图案的戒指 35

芝加哥
芝加哥艺术学院
伊特鲁里亚碗形婚礼器皿 19

克利夫兰
克利夫兰艺术博物馆
带有莲花花蕾图案的碗 177
扣针 89
青蛙造型的酒壶 97
葫芦藤下的约拿 268-269
马克杯 80
带有君士坦丁肖像的八角形吊坠 260
祭酒碗支撑物（拉萨） 130
带有圣徒保罗的运动员形象的勺子 274
笔直的别针 32
带有雌虎和幼崽图案的镶嵌画 256
斜倚的七弦琴演奏者造型的容器 86-87
维卡里罗酒杯 93

洛杉矶
J. 保罗·盖蒂博物馆
存钱罐 141
伊特鲁里亚圆盘形耳环 36-37
喜剧面具造型的灯 144-145
带有俄耳甫斯和动物图案的镶嵌地板 170
带有格里芬形象的镶嵌画 230
带有弓箭手图案的圣甲虫戒指 84

洛杉矶艺术博物馆
装饰有戏剧场景的大口杯 168-169
女法瓮以艾奥形象的康塔罗斯酒杯 72-73
阿波罗的兰斯顿王座 114-115

纽黑文
耶鲁大学美术馆
长形盾牌 199

纽约
布鲁克林艺术博物馆
努比亚人的大理石肖像 110

大都会艺术博物馆
带有圣徒彼得和保罗形象的碗 272
大型餐具的手柄 239
祭品托盘 60

刮身板 82-83

萨摩斯红色陶盘 158

女性形象的装饰瓦 26-27

野猪造型的阿斯克斯 76

带有基督将"殉道者之冠"授予圣徒彼得
和保罗场景的碗的底座 270-271

长榻和脚凳 159

弩形扣针 241

具有埃及风格的壁画 81

有伊特鲁里亚士兵造型的顶部装饰物 107

玻璃高脚杯 258-259

鲁特琴 236-237

带有金纳迪奥斯肖像的奖章 238

镜子 257

蒙特莱昂内·迪·斯波莱托两轮战车 42-43

P. 法尼尤斯·希尼斯特别墅里的 M 房间
（墓室） 77

成套首饰 95

银镀金戒指 34

斯基弗斯 100

带翅膀的狮子雕像 58-59

年轻女子的雕像 22

带有女皇半身像的秤杆 234-235

赤陶酒壶 128

美惠三女神 176

带有狄俄尼索斯形象装饰的长袍 232

公鸡造型的壶 23

P. 法尼尤斯·希尼斯特别墅的房间里的壁
画 78-79

康宁玻璃博物馆

笼杯 254-255

费城

宾夕法尼亚大学考古学与人类学博物馆

法利希胸甲 38

康塔罗斯酒杯 24

皮克西斯 61

红彩陶酒坛 94

赤陶小屋骨灰瓮 45

图片出处说明

书中的每张图片均在图片说明中列出了相应的博物馆。对于各博物馆的慨允，作者在此表示表心感谢。

14 De Agostini Picture Library / Getty Images 16 Bernard Jaubert / Getty Images 17 Klaus-Peter Wolf, Imagebroker / Getty Images 18 © Trustees of the British Museum 19 The Art Institute of Chicago, IL, USA / Costa A. Pandaleon Endowment / Bridgeman Images 21 Photo Scala, Florence - courtesy of the Ministero Beni e Att. Culturali 22 © The Metropolitan Museum of Art / Art Resource / Scala, Florence 23 © The Metropolitan Museum of Art / Art Resource / Scala, Florence 24 Courtesy of Penn Museum, image #295014 25 © Trustees of the British Museum 26 © The Metropolitan Museum of Art / Art Resource / Scala, Florence 28 Etruscan pendant with swastika symbols Bolsena Italy 700 bce to 650 bce, User: PHGCOM, URL: https://commons.wikimedia.org/wiki/File:Etruscan pendant with swastika symbols Bolsena Italy 700 bce to 650 bce.jpg, https://creativecommons.org/licenses/by-sa/3.0/deed.en 29 Photo Scala, Florence Photo Scala, Florence 30 © Trustees of the British Museum 31 DEA / G. DAGLI ORTI / Getty Images 32 Cleveland Museum of Art, OH, USA / Gift of Mr. and Mrs. Max Ratner / Bridgeman Images 33 Peter Horree / Alamy Stock Photo 34 © The Metropolitan Museum of Art / Art Resource / Scala, Florence 35 Museum of Fine Arts, Boston. All rights reserved / Scala, Florence 36 Digital image courtesy of the Getty's Open Content Program / © J. Paul Getty Trust 38 Courtesy of Penn Museum, image #152663 39 DEA / G. DAGLI ORTI / De Agostini//Getty Images 40 DEA / G. DAGLI ORTI / De Agostini / Getty Images 42 © The Metropolitan Museum of Art / Art Resource / Scala, Florence 43 DEA PICTURE LIBRARY / Getty Images 44 Photo Scala, Florence 45 Courtesy of Penn Museum, image #152676 47 DEA / G. DAGLI ORTI / De Agostini / Getty Images 48 © Bologna, Museo Civico Archeologico 49 DeAgostini / Getty Images 50 DEA / A. DAGLI ORTI / De Agostini / Getty Images 52 Alamy Stock Photo 54 Photo Scala, Florence 55 © Trustees of the British Museum 56 DEA / G. DAGLI ORTI / De Agostini / Getty Images 57 DEA PICTURE LIBRARY / De Agostini / Getty Images 58 © The Metropolitan Museum of Art / Art Resource / Scala, Florence 60 © The Metropolitan Museum of Art / Art Resource / Scala, Florence 61 Courtesy of Penn Museum, image #152699 62 PRISMA ARCHIVO / Alamy Stock Photo 63 DEA / G. NIMATALLAH / De Agostini / Getty Images 64 Photo by Alessandra Benedetti - Corbis / Corbis via Getty Images 66 Vanni Archive / Getty Images 67 DEA PICTURE LIBRARY / De Agostini / Getty Images 69 © Trustees of the British Museum 70 © Trustees of the British Museum 71 Photo Scala, Florence - courtesy of the Ministero Beni e Att. Culturali 73 Digital Image Museum Associates / LACMA / Art Resource NY / Scala, Florence 74 © Trustees of the British Museum 75 © Bologna, Museo Civico Archeologico 76 © The Metropolitan Museum of Art / Art Resource / Scala, Florence 77 © The Metropolitan Museum of Art / Art Resource / Scala, Florence 78 De Agostini / L. Pedicini / Getty Images 79 © The Metropolitan Museum of Art / Art Resource / Scala, Florence 80

致谢

非常感谢乔安妮·贝瑞（Joanne Berry）邀请我参与这个项目，还要感谢凯瑟琳·麦克唐纳（Katherine McDonald）、马修·尼科尔斯（Matthew Nicholls）和乔纳森·普拉格（Jonathan Prag）用他们自己的研究为我提供帮助。另外，我还要感谢汉娜·菲利普斯（Hannah Phillips）在我写作过程中给予的耐心与支持。最后，在这件事和所有事情上，我要感谢父母所做的一切，感谢内森·莫里斯(Nathan Morris）对我坚定不移的信任。

关于封面

封面：马克·奥勒留的骑马雕像，约公元175年，保守宫，卡比托利欧博物馆，意大利，罗马。

图书在版编目（CIP）数据

口袋博物馆．古罗马／（英）弗吉尼亚·坎佩尔著；
金黎晅译．-- 上海：上海文化出版社，2020.5
ISBN 978-7-5535-1806-0

Ⅰ．①口… Ⅱ．①弗… ②金… Ⅲ．①文物－介绍－
古罗马 Ⅳ．① K86

中国版本图书馆 CIP 数据核字（2019）第 234204 号

© 2017 Quintessence Editions Ltd.
Simplified Chinese edition copyright © 2020 United Sky (Beijing) New Media Co., Ltd.
All rights reserved.

著作权合同登记号 图字：09-2019-876 号

出 版 人：姜逸青
选题策划：联合天际
责任编辑：赵光敏
特约编辑：徐立子　谭秀丽
封面设计：刘彭新
美术编辑：程　阁

书　　名：口袋博物馆·古罗马
作　　者：弗吉尼亚·坎佩尔
译　　者：金黎晅
出　　版：上海世纪出版集团　上海文化出版社
地　　址：上海市绍兴路 7 号　200020
发　　行：未读（天津）文化传媒有限公司
印　　刷：北京利丰雅高长城印刷有限公司
开　　本：889×1194　1/32
印　　张：9.25
版　　次：2020 年 5 月第一版　2020 年 5 月第一次印刷
书　　号：ISBN 978-7-5535-1806-0/K.208
定　　价：75.00 元

关注未读好书

未读 CLUB
会员服务平台